いのちに国境はない

Multicultural Synergy in Japan

多文化「共創」の実践者たち

Chizuko Kawamura
川村千鶴子 編著

慶應義塾大学出版会

目　次

第Ⅱ部　主体性と多様性の学びが未来を拓く

第Ⅲ部　まちも会社も活性化する「多文化共創」思考

第Ⅳ部　いのちに国境はない

序章
いのちを守りたい！

川村 千鶴子

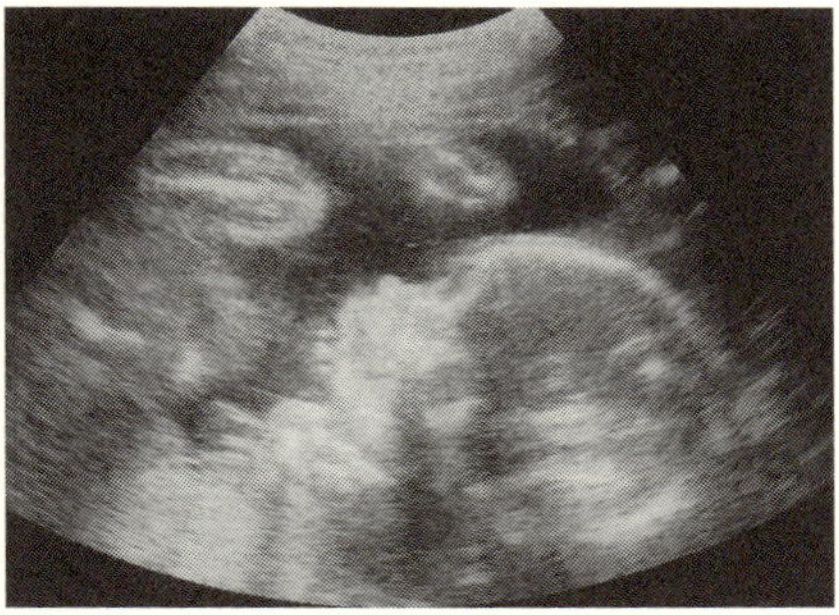
写真：24週目を迎えた胎児のエコー写真。母親と胎児のいのちを守るための記録である。

心臓の鼓動が聞こえますか。胎動を感じますか。

人はいつ、誰から、どこで生まれてくるのか、自分で選択することはできません。1年間に毎年1億人以上の赤ちゃんがこの地球のどこかで生まれています。

出産がどんなにいのちがけであっても産声は悦びに包まれ、生きる希望を与えてくれます。紛争や戦火のなかや難民キャンプのなか、迫害を逃れて密航船や逃亡の機内、避難所やテントのなかであっても、あらゆる子どもは、妊娠・出産のプロセスから誕生します。人間の誕生は本当に神秘的です。

「わたしは、いつ、どこで、誰から生まれたのかわからない。」

これまでに「誕生日を自分で決めた」という話を聞いたことが

何度もあります。また、「母国では、自分の死亡届を出してある」と話した人もいました。それぞれの人生を勇敢に逞しく生きていると感じました。人はどのようにして精神的な苦悩を克服し、人格的な成長を遂げるのでしょうか。

いのちのパスポート

多様性を受け入れるということ、それは、出自（descent）の多様性を寛容に受け入れることでもあります。出自（descent）とは、親子関係の連鎖によって子孫をある特定祖先に結びつける系譜的結合を指しています。あらゆる人のいのちに向き合うこととは、出自にかかわらず、多様性に向き合う旅の始まりではないかと思うようになりました。パスポートは、人間個人にとって、司法的同一性を担保するものです。パスポートの有無や、国籍の有無が、人生と日常生活のさまざまな場面で人々を翻弄することになることを、私は地域の移住者、そして難民の方がたから学びました。

ところで、日本は母子健康手帳の発祥地です。今30カ国を超えて世界に広まりつつある母子健康手帳は、胎児の成長を記録した身分証明ではないだろうかと思うこともあります。「親子健康手帳」「父子健康手帳」と名称を変え、25歳までの記録を記入できるライフサイクル手帳に変わっています。「父子手帳」は、父親も子育ての知識や母体の変化、子どもの成長を記録して幅広い情報が掲載できます。

２０１６年11月「第10回母子手帳国際会議」が東京・国連大学で開催されました。ケアの継続と実践は、乳児死亡率と妊産婦死亡率を下げ、日本を世界一の長寿国、健康寿命の高い国にしました。いのちを大切にすることは地球を守ることであり、世界の人々と信頼の輪を広げながら、幸福度の高い社会を築いていくことの土台となっています。

目の前にいる「いのち」を守るのが医療に携わる人々の使命であり社会の責任です。目の前にいる子どもの「基礎教育」を保障するのが、教育者や国、保護者の責務でもあります。基礎教育は、読み書きの力であり、想像力と創造性を生み出します。まさに学習権は、あらゆる人の生きるための生存権でもあります。日本語教育も母語教育も同様に重要であることが広く認識されるようになりました。企業の経営理念には、多様性に価値を見出すマネジメントが重視されています。自治体の基本理念も地域住民の多様性をプラスに捉えて「多文化共創」への決意が包摂されるようになりました。こうした実践が、多文化化のリスクを熟知し、社会的リスクを回避するカギを握っているからです。

国は、地域の多様な人々の実践とそこに萌芽するいのちの重みを「共創価値」と受けとめる時代を迎えています。

本書は、不確実な時代を主体的に生きるあなたに贈る本です

国境を越えて移動する人の数は、この地球上の10億人に達しています（国際移住機関：IOM）。内戦が続くシリアやアフリカの紛争などにより家を追われた人々の数は、世界で6500万人を超え、そのうち18歳以下の子どもたちの数は半数以上です（国連）。シリアから国外に避難する難民の数が約500万人となり、国内で家を追われ避難している人が650万人（UNHCR）にのぼると言われています。

私は2016年夏にミャンマーを視察し、総選挙後、民主化が進んでいると思われるミャンマーでも少数民族の紛争からたくさんの国内避難民が生まれていること知り衝撃を受けました。国内避難民(Internally Displaced Persons: IDP)には明確な法的定義が存在しませんが、紛争や政治的な迫害、そして災害等により、非自発的な移動を強いられて自国のなかにいる人々が国内避難民と呼ばれます。国内避難民は、脆弱な国家から守られることがなく飢餓の様子が伝わってきます。

また無国籍者として生きる人々が、世界に約1200万人とも言われています。2015年から、ネパール・イタリア・ミャンマーでの大地震といった災害、フランス・ベルギー・バングラデシュ・ドイツなどでの同時多発テロ、中東複合危機と難民の急増、イギリスのEU離脱、北朝鮮の核実験、アメリカの新しい大統領の就任の衝撃など、世界はまさに厳しい激動の時代です。

そうした不確実な時代に、一番大切なものは、危機をチャンスに変える「主体性」をもって日々を着実に過ごすことではないでしょうか。

本書の執筆陣は、全員が主体的実践者です

本書は、多元価値社会に第一線で活躍するジャーナリスト、外国にルーツをもつ人々、難民、先駆的経営者・教師・医師・医療関係者によって書かれました。それぞれのライフストリーには、多様な人々の橋渡しを担ってきた蓄積と勇気が溢れています。

この不確実な時代を、着実に主体的に生きるための悲喜こもごものライフヒストリーや苦労話と提言も書いてくださいました。多様なルーツをもつ人々が共に安心して暮らせるまちづくりとは、外国人を単なる「労働力」とみなすのではなく、「同じ人間として」「いのち」の大切さを共感し、ともにまちを創ろうとするエネルギーが土台にあります。

本書では、ビルマ難民のリーダーとなって活躍するジャーナリスト、イタリア出身で情報基礎とメディア論を指導する大学教員、ビルマ出身の医療通訳者、ネパール出身の作業療法士が、地域の多文化意識を高めている実践の相乗作用を彼ら自身の日本語で伝えてくれます。そして、子どもたちの基礎教育、日本語教育と「医・職・住」を支えてきた先駆的実践者が、それぞれの経験から生み出された共創価値とは何かをお伝えします。

明るい幸福な未来を目指して胎動を聴きながら、いのちの旅を始めてみませんか。

あなたにとってトランスナショナリズムとは何ですか？

トランス（trance）とは、敷居や境界を越えることです。さまざまな壁を乗り越えてきました。乗り越えたのではなく、すり抜けたのかもしれません。政治的な問題や法律の矛盾や、体力の衰えなど人生の悲哀にぶつかることもあります。異文化間移動によって、人は、アイデンティティの揺らぎに敏感になります。人と人との橋渡しができる力、誤解や軋轢が生じてもそれを乗り越える気概はどこから生まれてきたのでしょうか。

何が持続可能な活力の潤滑油になるのでしょうか。

アイデンティティを概念化したE・H・エリクソンは、「ケアの蓄積こそが、叡智（wisdom）を生み出す」と結んでいます。ケアとは、気遣い、思いやり、手助け、いつくしみなどを意味しますね。相互ケアの経験が、どのように信頼を生み出し、多様性を肯定的に受容する「叡智」となるのかを本書から読み取っていただけると幸いです。

トランスナショナリズム（transnationalism）とは、国家の枠組みはあっても、一人ひとりの生活意識のなかに多文化意識が芽生えている社会空間です。いのちと向き合っている人々は、日常生活のなかでは国境や国籍の意識が消失するような感覚をもっています。出身国との間を頻繁に往復する人々は、双方の国に対して帰属意識をもち、インターラクティブな社会的ネットワークが創られていることも感じられるでしょう。

多文化共創まちづくり、一緒にやってみませんか

私たちは多元価値社会を生きています。多文化共創（Multicultural Synergy）とは、単に文化的多様性を尊重するだけではなく、障がい者、一人親家庭、移民、難民、無国籍者、無戸籍者、性的マイノリティ：LGBTQI（レスビアン、ゲイ、バイセクシャル、トランス・ジェンダー、クイア、クエスチョニング、インターセックス）など多様な年齢の生活者との相互ケアの実践を通して生まれます。安心の居場所にアクセスしにくい庇護申請者の子どもたちにも光を当てています。〝多文化共創まちづくり〟とは、あらゆる人の安心の居場所の創造です。

安心の居場所づくりは、インターカルチュラル・プレイスメイキング（Intercultural Place-making）と呼ばれ、自治体や企業、大学、高校、医療施設、市民団体も連携しています。年齢や文化的背景、異なる出自の人々が安心して交流できる公共的な空間をともに創っていくことです。博物館、図書館、公民館、夜間中学・自主学級やクリニック・病院、大学・高校などが地域を支えています。そういった空間では国籍ではなく、グローバル市民が中心的役割を担っている活躍していることがわかります。「いのち」に向き合う実践者は、ケアの実践からコミュニケーション能力を磨き、未来のために何をなすべきかの叡智（wisdom）を獲得しました。グローバル市民による「安心の居場所」の創造は、相

乗作用を生み出し、心豊かな幸福度の高い社会の創造につながり、世界中に連鎖していくからです。日本には約230万人の外国籍住民がともに暮らしています。二世・三世・四世を迎えている人々も海外にルーツをもつ日本国籍をもっている人々も大勢います。異文化をもつ来訪者、移民や難民の方々や外国人住民の発想や実践によってクリエイティブな街が形成されています。

本書は、どこから読み始めても面白いです

第Ⅰ部は、情報の共有とメディア・リテラシーの大切さをお伝えします。国民のコンセンサスは、情報メディアに大きく影響を受けます。世界を駆け回ったジャーナリスト、映像メディアを通して地域連携事業を実践する大学教員が情報メディアの大切さを伝えます。

来日26年のビルマのジャーナリストは、「難民」としてではなく「グローバル市民」として活躍しています。

パリの特派員は、フランス語会話の夜間学校に通ってフランス語をマスターした愉しい体験談を語ります。サハリンなど辺境に暮らしたジャーナリストはナショナル・アイデンティティとカルチュラル・アイデンティティを発見しました。歴史から未来につなぐ多文化共創の可能性と実践を「いのち」に光を当てて紹介しています。

高島平団地には、800人を超える外国籍住民がともに暮らしています。社会人を対象に多文化共創アクティブ・ラーニングを展開するイタリア人教師の実践も読んでください。

第Ⅱ部は、日本語教育、日本語教師の資格、基礎教育の保障、中学・高校・大学の主体性の教育が

テーマとなっています。教育の現場は、グローバル社会の鏡です。日本が向かうべき進路を示唆してくれます。国際教養大学では、多文化共創アクティブ・ラーニングの実践によって、地方創生の道を拓いています。農業に外国人労働者を受け入れたいという日本政府は、一人ひとりが適応能力を高めコミュニティの構成員となって活躍していく方法も検討する必要があり、大学の取り組みは大変参考になると思います。また庇護申請中の子どもたちの生活実態と中等教育における多様性を尊重する取り組みは、日本が移民や難民をどのように受け入れていったらよいかを示唆してくれます。「差異」を認め合う学校教育がいかに大事であるかを考えるうえで多くの発見があると思います。

第Ⅲ部は、グローバル化、経済社会のボーダーレス時代の企業のあり方を考えます。グローバル時代のエクセレント・カンパニーとは何でしょうか。地域のグローバル化は、不動産屋さんから始まります。世界企業、不動産会社経営者、企業のＣＳＲ、エスニックビジネスの起業・雇用・経営から、さまざまな可能性が浮かび上がってきます。「多文化共創マーケティング」を実践したパイオニアの経験と提言が編み込まれています。

第Ⅳ部は、いのちと向き合う医師、作業療法士、医療通訳、医療コーディネーターが、医療の国際化の現実を細やかに披露し、示唆的なメッセージを読者に投げかけています。医療通訳は法廷通訳同様、技術的に高度な翻訳力が要求される仕事であり、国際医療の要です。クリニックでは、ビルマ人に注射をするとき、「チクッとしますよ」は「アリさんが咬みますよ」と通訳されます。このように多言語対応とトランスカルチュラル・ナーシングは、国際医療と地域のグローバル化に不可欠です。

異文化や宗教上の配慮や医療通訳がいる医療機関の実践はすでに始まっています。ネパール出身のドルジ（渡留侍）さんは、どんな辛いことがあっても諦めてはいけないことを強調しています。

グローバル市民の誕生がテロや犯罪を防ぐ

当然のことながら外国籍住民も所得税・住民税を納税している日本のタックス・ペイヤーです。納税者としての社会貢献だけでなく、地域のまちづくりへの貢献も大きく、自治体は外国人代表者会議を継続し、自治体行政に反映しています。「医・職・住」は、移住者にとっての生活のベースです。グローバルな人の移動の連結点となる都市インナーエリアでは、１９８０年代後半から外国人の増加と年間外国人の４割が転入・転出するという高流動性を受け止めてきました。新しい出会いが主体的まちづくりを加速します。実践に培われた信頼は、共に創る仲間としての相互に市民意識が生まれていることを読み取っていただけると幸いです。相互に支え合う「まちづくり」は、相互にコミュニケーション能力を伸ばす相乗作用があります。地域が人を育てているのです。

自治体は、外国人住民と代表者会議を開き、教育機関、医療機関、大小さまざまな企業や商店街、ＮＰＯ／ＮＧＯと連携してまちづくりを推進してきました。

日本政府への提言――２０１７年社会統合政策への旅立ち

人口減少社会のなか、日本は今、新しい年を迎えました。国は、外交的に資金援助だけで国際貢献を果たすのではなく、多文化社会の内面を支えてきた市民団体・外国籍住民・自治体の叡智を積極的に吸い上げて「多様性の国・日本」の社会統合政策（Integration Policy）を踏み出そうとしています。

国際法と国内法の矛盾を解消すべくさまざまな法整備をすることは、国家としての責務です。無国籍状況に置かれた人々への対応、庇護申請者へのきめ細やかな対応、国際医療の充実など本書の実践者からの提言に耳を傾けていただけると幸いです。

日本政府は、元不登校・ひきこもりの若者を含めた広範な義務教育未修了者への学習権保障の必要性を打ち出し、２０１５年「形式卒業者」の夜間中学受け入れを認める通知を出し、２０１６年から外国にルーツをもつ生徒が多い夜間中学の拡充と新設にも力を入れています。「義務教育の段階における普通教育に相当する教育の機会の確保等に関する法律」（義務教育機会確保法）が２０１６年12月7日、国会で成立しました。夜間中学の関本先生（第6章）ら、全国夜間中学校関係者が半世紀以上かけて取り組んだ結果です。学習権は生存権であり、本書の祈りが通じたような嬉しい気持ちです。日本語教育は、最もやりがいのある仕事として認識される転換期にあり、日本語教師や日本語学校の位置づけも重要課題となっています。

出入国管理及び難民認定法も改正され、在留資格に「介護」が追加されました。さらに、２０１７年、日本はシリアから5年間で１５０名の難民を留学生として受け入れます。シリアの留学生が、将来、世界の架け橋として活躍することができるように、安心して学ぶ環境を整えることが先決です。

多文化共創アクティブ・ラーニングに主眼が置かれる理由は、人権教育や多文化教育に資するだけでなく、社会人になったときに、主体性とコミュニケーション能力が大いに発揮されるからです。紛争や差別の原因ともなる搾取や格差社会を是正し、社会の分断を防ぐうえでも有効です。

おわりに――汗を流してきた実践者だから知っている安全なまちづくり

２０２０年東京オリンピック・パラリンピックに向け「多文化共創の実践者の政府・自治体への提言」を本書の巻末に集約しました。外国人政策を一元的に進める組織づくり、医療通訳システムの構築、日本語教師の資格制度、夜間中学の拡充や創設、アクティブ・ラーニングの推進、多文化共創博物館などを社会統合政策への具体的提言として明示します。

人の移動と異文化間接触が、相互に差異を認め合う多様性の学びを推進し、世界を読み解くカギとなっています。さまざまな国籍や在留資格の人々が主体性と市民意識をもって連携し、まちづくりに取り組むことによって、集積効果と予想を超える相乗作用（Synergy）が生まれます。異なる人々がそれぞれの能力を発揮し、新たな協働の可能性を生み出し、信頼を土台として「共創価値」をつくります。「いのちに国境はない」という「共創価値」です。排除や対立ではなく、ケアの実践こそが平和な暮らしを守ります。そして、ケアは世界に連鎖して地球を守ることにつながります。

本書の企画・立案当初から、慶應義塾大学出版会編集部の木内鉄也氏に深いご理解を得て、大変お世話になりました。執筆陣の多様性をプラスに捉えて、読者に魅力的なレイアウトを考え、寛容性に富んだ編集に没頭してくださいました。まさに「共創」の一冊に完結することができたのは、編集者と執筆者全員との協働の成果と言えます。厚く御礼申し上げます。

本書は、多文化共創まちづくりに貢献する実践者が、未来を担う方々に、〝いのち〟の大切さをお伝えする小さな贈物です。この協働に参加してくださった実践者の方々は、本書のなかで、まるで小さな手毬《てまり》を大事に受け渡すように、心を込めて対話をつないでいます。本書を読み終わった皆さんが、この手毬を受け取り、実践の第一歩を踏み出し、そして次の誰かにつないでくださったら、編者としてこれほど嬉しいことはありません。

第Ⅰ部 越境のすすめ

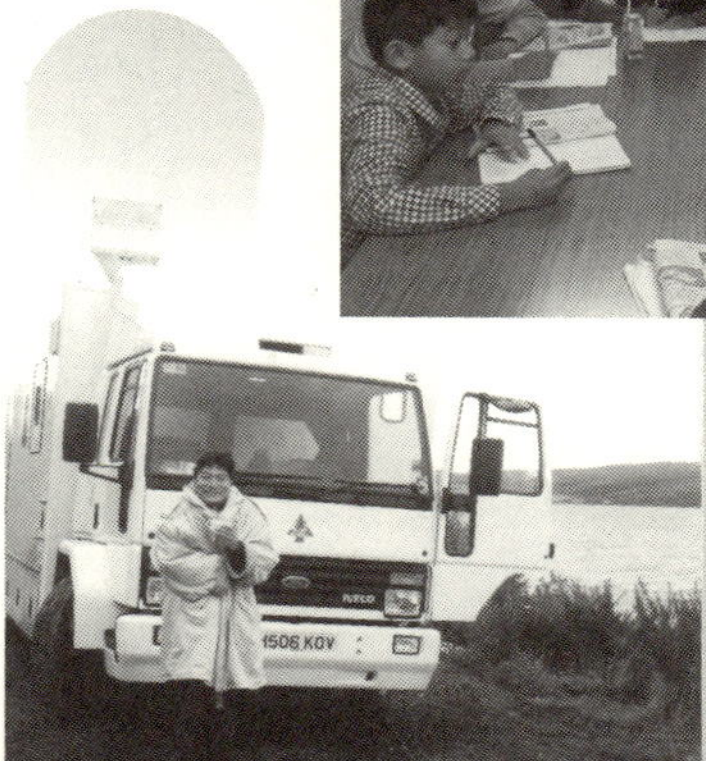

第1章 グローバル市民として生きる

チョウ チョウ ソー *Kyaw Kyaw Soe*

NHK国際放送「ラジオ日本」ビルマ語アナウンサー

1984年ヤンゴン経済大学卒業。1991年、軍事政権の弾圧を逃れて妻を残し来日。1998年に難民認定を受け、翌年に妻を呼び寄せる。高田馬場でビルマ料理店を経営する傍ら、祖国の民主化運動を20年以上続ける。2013年には、自身の半生を描いた映画『異国に生きる――日本の中のビルマ人』が公開される。日本と世界の架け橋となり、ジャーナリスト、教育者として活躍している。

はじめに

❖1991年、来日

私がビルマ（ミャンマー）で日本について学んだのは、中学校の地理の時間でした。山が多く、高原が少ない国だと教わりました。日本の映画を見たこともあります。スクリーンに映った都会の家々はとても小さく、部屋が狭かったことを覚えています。

しかし、私が１９９１年５月に入国して最初に住んでいた部屋は、映画で見たよりもさらに狭いところでした。新宿区の新大久保にあったそのアパートには、４畳半の部屋が二つと６畳の部屋が一つ、そしてトイレと風呂、狭いキッチンがありました。

このように書くと、皆さんは「ちっとも狭くないじゃないか」と思われるかもしれませんね。でも、続きがあります。このアパートには、留学生、出稼ぎ労働者、そして私のような政治活動家が合計14人も住んでいたのです。全員がビルマ人で、初めて会う人ばかりでしたが、自己紹介をして、一日二日で親しくなりました。

母国で民主化運動に取り組んでいた私は、軍事政権の弾圧を逃れ、文字どおり命からがら日本へやってきました。アパートに着いたときに私がもっていたのはバッグ一つだけ。そのバッグを、私は押し入れに入れました。こうして、私の日本での「難民」としての生活が始まったのでした。

1 本屋さんが憩いの場

❖外国人登録証をもらう

その後、私よりも1週間早く来日した人が、「新宿区役所に行って、外人カードに登録しましょう」と誘ってくれました。すぐに申し込みをして、10日後に外国人登録証をもらいました。それから、ようやく銀行に行き、口座を作ることができました。

私たち外国人は、ときどき警察官に呼び止められます。そのときに外国人登録証があれば自分の身分を説明することができます。ただし、自分が言いたいことを相手に正確に理解してもらうためには言葉が大切です。

警察に限らず、自分がどういう人物なのかを職場やコミュニティのなかで理解してもらえるようになると、信用と信頼ができてくるものです。そのためには日本語を話せるようになることが大切だと思い、日本語を勉強しました。私は、母国語と異なる言葉の国に住むことになったら、その国の言葉を話せるように努力しなければならないと思います。

❖部屋探しの苦労

大久保のアパートから、次の部屋探しには大変苦労しました。やっとのことで板橋駅近くにあるマンションを借りられたのですが、それまでにいくつもの不動産屋で断られました。不動産屋が了解しても、大家さんに断られることもありました。「外国人は高い家賃を払えるのか」「外国人は困る」なども言われました。個人としてではなく「外国人」というひとくくりで扱われることに、とても落胆しました。家賃を払うのは「日本人」とか「外国人」とかではなく、そこに住む一人の人間でしょう。私はそのことを懸命に訴え、給与明細書を見せて、ようやく部屋を借りることができました。

❖好きな本が自由に買える！

日本に来て嬉しかったことは、大きな本屋さんがあり、好きな本が自由に買えることでした。私は日本語を勉強する本を買うために、新宿の紀伊國屋書店に行きました。ビルマにはこんな大きな本屋さんはありませんでした。日本人は本が大好きなのでしょうね。素晴らしいことです。

それからというもの、私は時間があれば紀伊國屋書店へ行き、ビルマでは買うことのできなかった政治や人権、民主化の本をたくさん買いました。紀伊國屋書店の洋書コーナーには、政治のことだけではなく、日本を紹介した本もたくさんあり、日本のことを知りたい外国人も集まっていました。「この本屋は、外国の人たちと日本との間の多文化交流の場所なんだなぁ」と私は思いました。

2　建築現場で働く

❖建築現場の多文化交流

来日して2か月ほど経ったころ、知人から千葉県にある電気工事会社の仕事を紹介してもらいました。福栄電機という小さな会社ですが、そこの杉本社長はサウジアラビアとクウェートで仕事をしたことがあり、自分自身が外国で働いた経験から、私たち外国人の気持ちや言葉の問題を理解できる人でした。

仕事の内容を簡単な日本語でゆっくりと、そして厳しくしっかりと説明してくれたため、図面も読めるようになり、仕事を身につけることができました。おかげで私たちは、仕事についてストレスなく過ごせました。建築現場に出ると、バングラデシュ、インドネシア、イランなど他の国の人たちと出会いました。

あるバングラデシュ人から「私はイスラム教徒ではなく、仏教徒です」と言われたときは、ずいぶん驚きました。私は、バングラデシュ人は皆イスラム教徒だと思っていたのです。彼の故郷は仏教徒の多いチタガウン山周辺にあり、その地方の話をいろいろと教えてもらいました。

また、ある同僚に外見からビルマ人だと思ってビルマ語で話しかけたところ、実はインドネシア人だったということもありました。彼は元船員でビルマにも何度か行ったことがあると言っていました。彼はイスラム教徒ですので、昼休みと休憩時間には必ずお祈りをしていました。他の中国系インドネシア人からは、母国でも中国系とネイティブ・インドネシア人は仲が良くなかったという話を聞きました。

私の出会ったイラン人二人は歌が大好きな人たち。現場では、いつも歌いながら仕事をしていました。イランには徴兵制が敷かれているので彼らも軍隊経験があり、イラクのクウェート侵攻の際にも戦争に行ったそうです。私が「戦場で人を撃ったのですか?」と聞くと「いいえ、銃を空に向けて撃った」と答えていました。彼らからは、戦争中の苦労話や、母親が彼らのことを大変心配していたことなども聞きました。

❖自由と責任のある社会

このように、私は日本でさまざまな国の人たちと出会い、自分が知らないこと、経験がないことを教わりました。もちろん、日本からも学びました。私は父から、日本が戦後にどのように国を復興し、発展させたのかを勉強しなさいと言われました。私はさまざまな現場を回ったので、立派な高速道路、橋、建物も数多く見ることができました。日本の社会はエネルギーに満ちていて、交通網が整備され、皆が責任をもって仕事を頑張っていることも学びました。日本のように自由と責任がある社会のことを、ビルマの子どもたちに教えたいと思いました。それが自分のアイデンティティ、自分たちの社会、そして自分たちの国を守るために重要だと思います。

3　レストランの起業

2002年、私は友人4人と高田馬場にビルマ料理のレストランを開きました。店の名前は「ルビー」。それはビルマが世界一の生産量を誇る宝石であり、日本人にも発音しやすい言葉です。当時、私たちは母国の民主化運動に力を注いでおり、時間の制約が厳しい一般の仕事を続けるのが難しくなってきていました。そこで、交代で民主化運動を続けながら仕事ができ、同時に仲間が集まれる場所として「ルビー」を作ったのです。

ところが、このレストランはやがて、ビルマ人と日本人が交流する場所へと成長していきます。まず、日本に住むビルマ人たちが集まってきました。続いて、ビルマに関心をもつ日本人も集まるようになりました。「ルビー」に来ればいつでも情報交換ができるということが知れわたり、ますます人々が集まってきました。

5年ほど前からは、ビルマの状況が変化して、観光でビルマを訪れる日本人も増えています。そのような人たちが、旅行に行く前に「ルビー」へ食事に来て情報を収集していきます。旅行から帰ると、また「ルビー」を訪れてビルマの話をしていきます。新しく日本に来たビルマ人の若者たちも、生活の情報を求めて「ルビー」に集います。外国人が経営するレストランには、こうした文化交流の場としての役割があります。また、日本に住む先輩として、新しく来た人たちにできる限りの情報を伝えることが、私たちの役割だと感じています。

4 ジャーナリストとして

2004年から、私が編集長を務め、日本に住むビルマ人のための月刊誌『エラワンジャーナル』の発行を始めました。日本語があまりわからない人たちは、日本社会のニュースや伝統・習慣もよく知らないまま過ごしてしまいます。また、健康保険やビザ、難民申請などは手続きが複雑で、それを説明する冊子などの日本語も難しいため、なかなか理解できません。仲間が日本で暮らしていけるようにするには、自分たちの国の言葉で情報を発信することが必要だったのです。昨今はFacebookなどで情報を得られるようになりましたが、この雑誌は今でも3か月に一度発行を続けています。

ほかにも、２００２年からＮＨＫの国際放送「ラジオ日本」でビルマ語アナウンサーとして情報を発信しています。子どものころ、私は毎日ラジオを聞いていました。自分が今、このようにラジオのアナウンサーとして仕事をするとは思ってもみなかったことで、嬉しいと同時に不思議な気分です。ラジオには大きな利点があります。ビルマでは田舎の人たちはお金がなくてテレビをもっていなかったり、電気さえ通っていなかったりします。現在では、インターネットで以前よりも簡単に情報を得られますが、パソコンを買ったりインターネットを利用したりすることができない人たちもいます。ラジオは、電池さえあれば情報を得ることができるメディアです。

今年（２０１６年）３月にビルマに帰国したとき、田舎に住むリスナーの子どもたちと会って話をする機会がありました。遠くに住んでいても、日本のことを知っていて、すぐに日本の話題が通じたことに感動しました。私はこの仕事を通じて、ラジオは貧しい人たちが情報を得るために一番のメディアだということを知りました。また私にとっても、リスナーの知りたい情報を発信するためには勉強しなければならず、成長することができます。ただ食べるためだけの仕事ではなく、自分を成長させられる仕事ができるのは、自由とチャンスのある社会にいるからです。

5　教育に目を向ける

私の妻はビルマで高校の教師をしていました。彼女には１９９９年に来日したときから日本にビルマの子どもたちのための学校を作りたいという夢がありました。そして２０１４年７月、私たちは日

写真：子どもたちのビルマ語教室「シュエガンゴ」。

本で生まれたビルマ人の子どもたちに向けて学校を作りました。日本で生まれ、ビルマ語より日本語が得意なビルマ人の子どもたちが、自分たちのアイデンティティを見失わないようにと考えて始めました。学校と言っても、アパートの一室を使ったとても小さな教室です。ビルマ語を教える教室ですが、言葉を通じてビルマの文化を伝えることも大きな目的です。また、この学校では日本語も教えます。言葉の先生と生徒という関係だけではなくて、日本人とビルマ人の間の生活・文化交流の場にもなってほしいと考えています。

学校の名前は「シュエガンゴ」と言います。シュエはゴールド、ガンゴは東南アジアの植物の名で、香りがよく白い花を咲かせます。ビルマ人にとって、子どもは花のようにきれいで、大切にしなければならないものです。私を含めて90年代に来日した親たちの世代は、生きることに精一杯で子どもたちにビルマ人としての教育を十分にしてやれませんでした。しかし近年では、私たちの宝物である子どもたちへの教育が大切で、将来に対して責任があるのだという気持ちが強くなってきています。

現在、シュエガンゴには24名の子どもたちが在籍しています。子どもたちはそれぞれ違う地域に住んでいますが、授業のある毎週土曜日にここに来れば、必ずビルマ人の仲間に会えます。子どもたちは、普段は日本の学校に通い、日本の学校の宿題をそれぞれやっているのですが、ビルマ人の親たちは言葉の問題もあって、子どもたちにあまり教えてあげられません。そこで、将来は平日もこの教室に集まって学校の宿題をできるようになればと思っています。

そのとき、もしも日本人の学生さんたちがボランティアで教えてくれれば、かかわる人みんなにとって三つのプラスがあります。一つ目は、しっかり勉強した子どもたちが大きく育ったとき、日本社会の役に立つでしょう。二つ目に、日本人の大学生にとっても異文化交流の貴重な体験になるでしょう。そして三つ目に、親たちも子どもの勉強に関する不安が軽減されますし、子どもを預けている間にもっと働くこともできるでしょう。

おわりに

ビルマで暮らしていたころの私と、日本で生きる現在の私……この二人の私には、大きな違いがあります。ビルマにいたころ、私は自分と意見が異なる人たちに出会うと、対立することが多かったように思います。でも、今の私は異なる考えをもつ人々のさまざまな意見を受け入れることができます。

私たちは自由のない国から来ました。日本に来たときは、何も見えない暗闇から急に明るい場所に出たような気持ちでした。いろいろな人がいる、多様な考え方がある、それらを自由に受け入れることのできるこの社会が大切だということを、外国人、日本人の区別なく、すべての人たちに伝えたいと思っています。私たちは、グローバル市民として生きているのです。

第2章
僕がパリの外国人だったころ

増田 隆一 *Ryuichi Masuda*

元朝日放送インターネット事業部長、情報メディア社会学研究者

１９５５年大阪生まれ。１９７８年、京都大学工学部卒業。元ＡＮＮパリ特派員。１９８７～１９９１年に、Ｇ８サミット・米ソ首脳会談などを担当。「イラン・イラク戦争」「ガザ地区騒乱」「ベルリンの壁崩壊」「ルーマニア革命」「湾岸戦争」などの現場を取材。「ベルリンの壁崩壊」の当日＝１９８９年11月9日は東ベルリン側で取材中に事件に遭遇し、一部始終を目撃した。現場に立つレポート映像を日本に送った、数少ないテレビ記者の一人。著書に『変わりゆくマスメディア』（あみのさん、２０１６年）。

はじめに——異国で暮らす

❖〝外国人〟の気持ち

ジャーナリストという仕事柄、僕はこれまで世界中を飛び回ってきましたが、なかでも一番印象に残っているのは、パリを拠点にヨーロッパや中東各地を駆け巡ったANN特派員時代のことです。時は１９８７年から91年、東西冷戦が終わり、今日まで続く不安と騒乱の時代が幕を開けた、文字どおり世界の転換期でした。

僕は、偶然もあってベルリンの壁崩壊の現場に居合わせ、さらにチャウシェスク政権が崩壊したルーマニア革命、イラクのクウェート侵攻に端を発した湾岸戦争などを取材し、激動する国際情勢を日本に伝えるため、現場の映像と顔出しのレポートを懸命に送り続けました。

……と書きますと、何やらスリリングな毎日を送っていたかのように思われるかもしれません。もちろん、事件や紛争の現場で仕事をしているときには、そうした面もありましたが、赴任中の生活すべてがこうだったわけではありません。この裏側には当然ながら「日々の暮らし」があって、家族が暮らすための家探しだったり、子どもの予防接種や学校の手続きだったり、日用品や食品の買い出しだったり、カミさんからの愚痴や苦情に対応したりなど、普通の生活を維持するための努力が、結構大変だったのです。

「どないなってんねん！」

「ええかげんにせえ！」

写真：ライプチヒ（当時の東ドイツ）で改革を求める市民集会を取材する筆者（右）とスタッフ（1989年11月、ベルリンの壁崩壊の直前）。

大阪では、よく使う言葉です。フランスで何度つぶやいたことでしょう。僕が取材で出張中のときには、カミさんが僕の10倍以上は言ったに違いありません。

ところで、僕は世界を揺るがす大事件は、何度も日本にレポートを送りましたが、こういった「海外で暮らす苦労」については、一度も報告したことがありません。

２０１６年の地球上では、移民・難民などの「人の移動」が原因の難問が山積していますが、そういった人々について理解を深めるレポートは、したことがなかったのです。自分が経験していることなのに。

日本でも、世界中からの労働者が増えつつあります。彼らがどんな思いでいるのか。家族たちはどんな苦労があるのか、今の僕なら少しは理解することができます。パリで聞いたカミさんの愚痴には、深い意味があったのです。

本章では、僕がこれまで他言していなかった、もう一つの「特派員レポート」をお送りします。この本が一番皆さんにお伝えしたいテーマの一つ――「多文化＝異なるルーツをもつ人々がともに暮らす」ことを、ご理解いただけるヒントになるのではと思います。

1　パリの日本人コミュニティ

❖「外国人生活」の始まり

1987年、テレビ朝日系列の大阪の放送局に勤めていた僕は、パリ支局へ異動を命じられ、ANNパリ特派員として家族とともにフランスへ移住しました。普通の海外留学や、フランス料理人・お菓子職人などを目指して修行のために個人的にフランスに渡った皆さんとは、ビザの条件も役所の待遇も異なりますので、安易に同列に扱うことはできません。それでも、当時の我が家の様子をお伝えすることは、「異国で暮らす人々が感じること」を知るうえで、きっとヒントになると思います。

パリに住み始めた当時の僕らの感覚は、「日本からの移民」そのものでした。官公庁や県庁などへの届け出や、さまざまな公共サービスを受けるときなど、自分たちがフランス国籍をもっていないために被るトラブルや不都合を、露骨に体験せざるをえませんでしたから。

カミさんと子ども二人とともにフランスに入国すると、まずは生活に必要な届け出などにとりかかりました。たとえば、自動車の運転免許。日本で国際免許証を取得して行っても、1年で有効期限が切れてしまいます。一方、フランスで運転免許証を発行してもらえば一生有効です。そのためには、日本の運転免許証と必要書類を役所に提出して、フランスの運転免許証への「書き換え発行」をしてもらわねばなりません。

また、当時2歳と0歳10か月だった長女・長男は、日本から持って行った母子手帳をフランスの保健制度に適合させるため、書き換える必要がありました。在住する乳幼児の健康管理に、フランス政府はとくに力を入れていたのです。

役所への申請書類には、日本で発行された原本にフランス語訳を資料として添付しなければなりません。もちろん、自分で訳したものを提出しても「公式文書ではない」ため、役に立ちません。本来ならば在フランス日本大使館の法定翻訳が正式なのですが、「在フランス日本人会」の発行文書も公式翻訳として認められます。

フランス政府は「日本人会」のような、外国籍の人々が互助のために作った集まりを、公的な団体として認め、尊重していました。最も大きいのは「アルジェリア人会」で、10万人以上の規模がありました（1988年当時）。フランスでの選挙権をもつ人たちも多かったので、政治団体として発言力もあったのでしょうが、それ以前に、当時のミッテラン大統領が移民政策として、国籍が異なる人たちの生活権を支える法整備を行ったことが大きかったように思います。

❖助け合いの日本人コミュニティ

「在フランス日本人会」には、多くの企業や団体がヨーロッパの拠点となる支社・支部をパリに置いていたため、商社・銀行・メーカーなどの駐在員がたくさん加盟していて、当時でも1000人近い会員がいました。30年を経た現在は、会員数が6000人を超えているそうです（同会HPより）。

どんな国でもそうですが、「社会的な立場が弱い人々」は、お互いに助け合って身体を寄せ合って生きていかねばなりません。日本人は欧米で名誉白人的扱いを受けることが多いので、立場が弱いわけではないという見方もあります。しかし、実際に住んでみると、日常的なアジア人差別をはじめ、公的サービスですら置いていかれることが、何度もありました。「日本人会」は、そういうときの駆け込み寺的な存在だったのです。

当時の「日本人会」の事務所は、シャンゼリゼ大通りにほど近い雑居ビルの2階にありました。大人二人がすれ違えないほど狭い階段を上ったところに、「日本人会」の表示があります。ドアベルを鳴らすと、中年の日本人女性が応対してくださいました。ウナギの寝床のような、30平方メートル程度の細長い部屋です。

「ごめんください。法定翻訳をお願いしたいのですが。」

「こちらへどうぞ。免許証ですか？」

「免許証と母子手帳です。」

「母子手帳！　まあ、赤ちゃんがいらっしゃるの？」

「はい。まだ1歳になっていません。」

「それは大変。じゃ、予防接種もこっちで受けないとね。」

「まだ何もしていないと思います。」

「こちらが申し込み用紙です。1枚1件なので、ちょっとご面倒ですが、免許証も母子手帳も、それぞれ別々にご記入をお願いします。」

彼女は、母子手帳が2冊あるのに気づきました。

「えっ、お子さんが二人！　あらぁ、上のお子さんは？」

「長女で、もうすぐ3歳です。」

「奥さん、大変ですね〜。」

多くの海外移住者は、仕事の都合で移り住むわけですから、自分の苦労は多少なりとも覚悟ができています。しかし、家族はそういうわけにいきません。乳幼児はともかく、配偶者はいきなり不条理・不合理・意味不明な苦労の連続に否が応でも立ち向かわねばならないわけで、不満が募らないはずがありません。

カミさんは、僕が郊外のＩＫＥＡで適当に買ってきた可愛げのない食卓と、前任者からのもらいもののソファしかない殺風景なアパルトマン（日本で言うマンションです）の居間で、無邪気に遊ぶ乳児二人の世話をしながら、ときおり茫然としていたものです。

日本から運んだ家具は、だだっ広いフランスの居間ではいかにも小さく、ヨーロッパサイズの家具を新しく買い込んでも、帰任のときにそれを日本に持ち帰れるものなのかどうか。かといって、引っ越し業者の段ボール箱を家具代わりに積み上げて、これからずっと暮らしていくのも、なんだか味気ないように思います。

「何かと物入りねぇ。」

「買い物は最低限にしよう。いずれ日本に帰るんだから。」

「それでも、生活が貧相になったら、それはそれで悲しいでしょう?」

カミさんの言うとおり、耐乏生活をするためにパリに来たわけではありません。

こういうときにも、「日本人会」のメンバーが出している情報新聞『ＯＶＮＩ（オブニー）』が役立ちました。フランス在住を終えて日本に帰任する駐在員が、使っていた家具を安価で譲ってくれる「譲ります」欄があったり、日本から持ち込んだ家具をフランスの規格にアレンジするためのアイディア商品が見つかる「ＤＩＹ専門店」の情報記事があったりしました。

実は、「異国で暮らす」とは、こういう悩みごとの連続なのです。移民には移民の、移民にしかわからない苦労があるんだなぁ、と日々実感するフランス暮らしでした。

2　フランスの公共サービス

❖充実した母子保護施設

フランスでは、乳幼児に関する保健サービスが充実していたことに驚きました。ＰＭＩ（Protection Maternelle et Infantile：母子保護施設）という、この分野だけに特化した組織が全国に敷設されていて、フランス語読みでは「ペー・エム・イ」になります。

「母子保護」と聞くと、何だか暴力から守られているような響きがありますが、そうではなく、妊娠中から幼児が６歳になるまでの全期間、母親や子どもの健康管理について、フランス人であろうが移住者であろうが、住民登録さえしていれば、無料でサービスを受けられる施設のことです。日本の保健所とは設置の目的そのものが異なっていて、母子の健康管理に機能が特化しているのです。設置数も、日本の保健所よりもずっと密度が濃かったように思います。

僕は、パリ郊外のヌイイ・シュール・セーヌ市に、会社が口座を開いていた銀行傘下のアパルトマンを借りていて、たまたまながら、超がつく高級住宅街のど真ん中でした。周囲は聖ドミニコ学園の本部や、ＯＥＣＤ日本大使公邸など、とんでもない広さの邸宅が並んでいます。

その住宅街の地下鉄駅近くに、ヌイイ市のＰＭＩがありました。ＰＭＩそのものはちんちくりんの事務所っぽい外観でした。ＰＭＩには、フランス人だけではなく住民票をもっている移民の母親たちも、子どもを連れて診療に来ています。混み合っていることは少なく、診療を待たされることもあまりありませんでした。

カミさんによれば、ＰＭＩでは看護師さんも親切で、子どもたちにも優しく丁寧でした。妊娠中毒や出産までの栄養管理の相談、新生児のさまざまなケアの実習、すべての予防接種、乳房が張ったときのマッサージから搾乳までしてくれるうえ、場合によっては自宅への出張サービスも無料です。

カミさんと長女・長男も、母子手帳を書き換えたフランス政府のカルネ・ド・サンテ（保健関連帳簿）さえ持って行けば、ＰＭＩですべての診療が受けられました。長男はアレルギー傾向があったのですが、ＰＭＩからもらった軟膏でおむつかぶれが治りましたし、４種混合ワクチンも法定年齢になると同時にＰＭＩから連絡が来て、接種してもらえました。

カミさんの記憶によれば、フランスも日本もＷＨＯ（世界保健機関）に加盟しているため、予防接種の種類や母子手帳の項目などは、ほとんど同じでした。ただ、接種回数や方法などは少し違っていました。種痘は日本では（当時は）小さなメスで上腕を切っていましたが、フランスではアルミのへラで引っ掻くだけで、「これでＯＫ?」と気になったものです。

❖パリの「夜間中学校」

フランス全土ではありませんが、パリ市の公共サービスで、その内容に驚いたものがあります。

僕は大学では化学系工学部で、第二外国語はドイツ語でした。有機化学の教科書や論文はドイツ語が多く、フランス語は聞いたことすらありませんでした。付け焼き刃で10時間ほどの実用会話を、渡仏前に習っていたものの、ジャーナリストとしてはまったく不十分で、新聞を読むどころか、日常会話すら難がありました。

そこで、街頭インタビューぐらいは自分でしゃべれるようになりたいと思い、会話学校を探していたところ、パリ支局のスタッフから「こんな教室があるよ」とパンフレットを渡されたのです。

読んでみると「パリ市・外国人成人向けフランス語講座」（Cours Municipaux d'Adultes, Français langue étrangère）とあります。どうやら、パリ市が移民などを対象に会話学校を運営しているようです。期間は半年が1クールで、授業料は月40フラン（当時の為替レートで1000円）！　講義は週2回ですから、1回が5フラン程度。つまり125円ぐらいです。コーヒー1杯より安い！

ものすごく人気があって希望者が集中するため、抽選漏れの可能性もあったのですが、なんと「超」のつく幸運が降臨して、僕は受講することができました。

初回の講義で、簡単な口頭試問があって学生証が発行される、というので指定の住所に向かいました。授業開始が19時なのも、昼間働いている人が対象になっているため、当然なのだと思っていました。

なかに入って、いくつか並べて据え付けられた受け付けの前で名前を名乗ると、それがすでに口頭試問の一部でした。

「名前は？」

「増田隆一です。」

「生年月日は？」

「え？　何ですって？」

「生まれた年と月日よ。わからない？」

「わかりません。」

「Birthday」

「あ、わかりました。1955年7月9日です。」

フランスに来て、初めて出会った英語をあやつる人物です。

住所を言えるか、家族は何人か、出身地はどこか……。

つまり、受け付けをしていたのは教室の先生で、自分の生徒になる人物の会話力を見ていたのです。

教室に入って周りを見回すと、20人足らずの生徒たちは年格好も人種も性別もさまざまで、バラエティに富んでいるどころではありません。先生が出席をとり始めました。

「アブダッラー、カトリン、ナディーム、クリシュナ、トーベ、リュイッシ……」

僕の名前は、アルファベット書きするとRyuichiです。フランス語ではchはシュですから、リュウイチとは読めません。日本のパスポートは氏名のふりがな読みをヘボン式で表記することが多いため、僕も深く考えずこの書き方にしました。政府がこのスペリングでパスポートを発行した以上、世界中これで押し通さねばなりません。フランス滞在中、僕はついに自分の名前を「リュウイチ」とは呼んでもらえませんでした。

生徒たちのなかには、バングラデシュやパキスタンからの移民と思われる人々が多くいました。フィンランドやポーランドからの学生もいましたが、ほとんどがすでに職業をもっている労働者でした。

(この光景はどこかで見たことがあるな。)

そのおぼろげな記憶は、大阪にいたころ、テレビ番組の企画取材で追いかけた「夜間中学校」でした。

つまり、ここは「パリ市の夜間中学」だったのです。

❖実用「移民労働者」フランス語会話!?

もちろん、授業の内容は「フランス語会話」だけでしたから、本来の「中学校」ではありません。日本の夜間中学の学習教科は、体育実技も含む全科目ですので、設置の意味合いが違います。ただし、パリ市の夜間フランス語会話学校の授業は、実に「実用的」なものでした。初回のテーマは「警官に職務質問されたときの答え方」。移民労働者なら、ぜひとももっていたい技能に違いありません。

授業は、フランス文部省が作成した「正しいフランス語会話」に沿っていて、基本構文の書き方・読み方を先生が教え、ビデオ教材を見る、という流れでした。その後に、それぞれの回の「トピック・テーマ」の練習があります。たとえば、

「不動産屋で借家探し」
「大家さんと物件の条件交渉」
「市場の買い物で値切る」
「電話で役所に問い合わせる」

など。つまり、文法や言語構造ではなく、日常生活で必要なイディオムを、パッケージで教え込む教育です。「これはペンです」などという、実生活にはまったく出てこないような例文から語学学習をスタートさせる教育センスではないのです。

国が設置した教育機関ではありませんでしたが、「パリ市・外国人成人向けフランス語講座」には、

語学学習に対する教育理念がはっきりと示されていたように思います。「その言語が使える」という技能を、実用レベルで生徒に習得させることが、この教室の目的でした。

生徒のほとんどはコーカソイド（オイロピーデ＝ヨーロッパ人種）つまり白人系で、アフリカ系ネグロイド＝黒人はマリから来たウドュンビとバニの二人。モンゴロイドは僕一人だけでした。そのためだかどうかはわかりませんが、僕はクラスのなかでは人気がありました。教室に入ると、みんなが声をかけてきました。

「ボンソワール、リュイッシ！　今日はテレビには出たかい？」

僕が放送局の海外特派員だということは、最初の自己紹介のときにヘドモドしゃべったので、みんなが知っているのです。

「毎日出ているわけではないよ。でも、来週からフィンランドに行くんだ。」

「フィンランドは休暇かい？　真夏より冬のほうが楽しいんじゃない？　スキーができるし。」

「仕事だよ。米ソ首脳会談があるからね。」

いかにも流暢に会話しているように書いていますが、知っているわずかな単語と身振り手振りの組み合わせがほとんどです。それでも、カタカナ英語と片言のフランス語で、十分に意思は伝わるのです。言いたいことを伝えようとする気持ちが大切です。

パリに着くまではまったくフランス語を話せなかった僕も、週2回の授業に半年通う間に、とにかく会話ができる状態にまではなりました。

この楽しい「パリ市・外国人成人向けフランス語講座」には、年がら年中が出張続きという仕事の都合上、とびとびの出席ではありましたが、1年間通うことができました。この講座は2016年の現在も続けられていて、相変わらず圧倒的人気を集めています。市内のほぼ全地域で運営していて、驚異の安価を現在も維持しているということです。

おわりに

海外特派員・海外駐在員と聞くと、「仕事で外国に住めて、いいなぁ」と思われる方が多いかもしれません。確かに人生のなかで得がたい経験ではありますが、その立場には「理不尽な苦労や出費」がぶら下がっていることも、事実です。

会社勤めなら、無理を我慢することも給料のうち、と納得できるでしょう。しかし、何かの理由で国を追われたり、やむにやまれぬ事情で異国で働かねばならない人々が、地球上には数多くいます。日本でも、年々増えています。

「自分はいったい、どの国の人間なのか?」と悩まねばならない子どもたちが、たくさんいるのです。

マスメディアを通じて伝えられる情報は、出版・新聞・テレビ・ラジオなどでは、情報の「信頼度」について、ある程度の推量ができます。しかし、インターネットや街角で配られるチラシなど、情報発信源の見極めが難しいことも少なくありません。

「情報の良し悪しの判断能力」をメディア・リテラシーと言います。良質なメディア・リテラシーをもつことが、スマホやパソコンなどインターネット上から情報が溢れ出る社会では、大切であり重要なのです。

新聞やテレビなどの情報メディアは、どうしても「政治」「経済」「産業」「紛争」など、社会を貫く大きなテーマを伝えがちです。その下にいる〝普通の人々〟については、なかなか伝える機会がありません。皆さん自身が、多くのニュースの背後にいる〝普通の人々〟に、思いを馳せることが必要かもしれません。

彼らがどんな気持ちで暮らしているのか。どんな苦労に耐えているのか。

どうか、皆さんも一度想像してみてください。

第３章
「多文化共創」は、辺境にこそあり！
──北の島サハリンで考えたこと

下川　進　*Susumu Shimokawa*
ＮＨＫ国際放送局チーフディレクター

１９９１年、早稲田大学政治経済学部卒業。国内各地で、運転、撮影、出稿、中継を一人で行うスタイルの記者などを務めた後、アフガニスタンやアジア極東各地で取材。またＴＶ国際放送「ＮＨＫ ＷＯＲＬＤ」草創期の記者やキャスターとして、英語や中国語を生かして中国を中心としたアジアを重点的に取材。現在は同放送のニュース出稿を担当。歴史を超えた東アジアの融和が、何よりの願い。

写真：２００４年　アフガニスタンの廃墟にて。リサーチャー、現地の子どもたちと筆者。

はじめに
――辺境に行ってみよう！

テレビの記者として国内外で取材を続けた25年間を振り返ると、私はなぜか、首都ではなく国境、都会ではなく県境や離島、つまり中心ではなく〝端っこ〟、いわば辺境のような場所に惹かれてきました。いや、そう言うと格好つけすぎかもしれません。田舎での勤務が長かったり、先進国とは縁遠かっただけかもしれませんが、辺境に身を置いているうちになぜか惹かれていったのです。辺境は、寂しい場所だったり、自由を求めて命がけで越える場所だったり、紛争地帯であったりします。しかしその一方で、玄関口や文化の交差点でもあり、多民族が絶妙なバランスで共存していたりすることにも気がついたのです。

写真：日本時代の建物を使ったサハリン州郷土博物館。サハリンのシンボルとして親しまれている。2013年７月、ユジノサハリンスクにて筆者撮影。

多民族や多文化の共存は、今世界で最も熱いテーマです。「トランプショック」以来、メディアはアメリカの生々しい姿を伝え続けています。学校の水飲み場に「白人専用・有色人種用」という落書きが登場し、移民がいる教室で生徒たちが「壁を作れ！」と騒ぎ立てる……子どもたちまで分断されようとしているのかと愕然とします。「愛国者か売国奴か」「偉大な国か、悪い国か」「受け入れか、排斥か」――民族や宗教で物事を単純に二つに分ける〝二項対立〟的な考え方が世界中に溢れ、一括りにして対立を煽る動きが横行し、その傾向はひどくなる一方です。どうしたらよいのでしょう。私はやはり、集団ではなく「個」にもっと注目し、あえて白黒つけない、〝良い意味での曖昧さ〟や寛容性をもち、さらに両者の共存から第三の文化を生み出すことこそが問題解決のカギだと思うのです。これこそ多文化共「創」ではないかと。そして、そのヒントが、異文化が自然に共存していることが多い辺境にある気がするのです。たとえば、どこかの国や民族の話をするときに、まず、その首都や指導者の顔など「中央」の物を思い浮かべる人も多いでしょう。しかし、「端っこ」にも目を向けてみると、きっと面白い発見があります。さあ、あなたも、どこか辺境に出かけてみませんか！

1　すぐそこにある不思議の島、サハリン

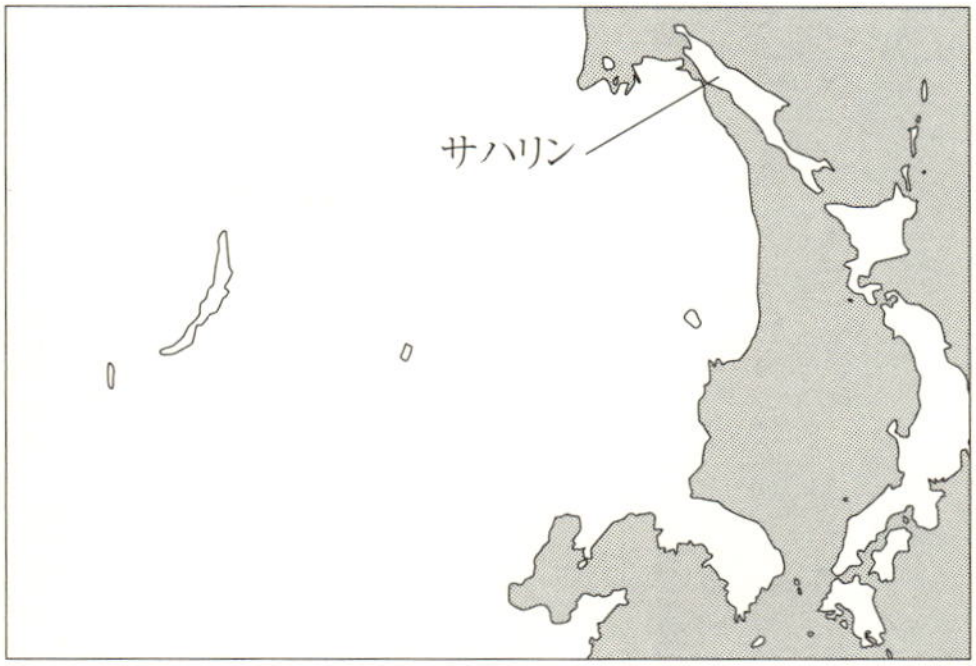

では、どこに行けばよいのか。日本にとても近い、ちょっと面白い場所をご紹介します。サハリン、はどうでしょう。ご存知ですか？　かつて樺太《からふと》と呼ばれ、戦前は一部が日本の領土でもあった、南北が１０００キロ近くもある細長い島です。北海道の最北端宗谷《そうや》岬から40キロちょっとしかありません。今はロシアが管轄していますが、モスクワとの時差が８時間もある東の果ての国境の島です。そこに我々の取材拠点があり、２０１３年の春から４か月駐在しました。サハリンに行くことを周囲に話すと、「えっ？　サファリ!?」「シベリアって寒いだろうね（違う！）」など冗談のような反

写真左：残された鳥居。2013年7月、サハリン東海岸にて筆者撮影。
写真右：ユジノサハリンスクの道端に放置された石に「久遠山」の文字。2013年5月、筆者撮影。

応。多くの人の認識はこの程度でした。恥ずかしながら私も無知な一人でした。実は、日本人に深い縁があり、多文化の宝島なのに！

２０１３年4月、札幌新千歳《しんちとせ》空港からわずか1時間半で降り立ったのは、サハリンの中心都市ユジノサハリンスク。空港には、私の前任の事務所長が現地のリサーチャーの女性を連れて迎えに来てくれていました。彼女は〝コリア（Korea＝朝鮮）系のロシア人〟で、後に私たちの仕事を支えてくれる、頼もしくチャーミングな人物、ヤーナさんでした。

その瞬間から私のロシア、そしてサハリン初体験が始まりました。遠くにまだ雪の残る美しい山々を眺めながらも、空港から事務所に向かう道はデコボコ、古くて質素な木造建築が並び、やがてレトロなコンクリートの団地群が見えてきます。建物にはなんとレーニンの顔や、人工衛星、工場労働者などをモチーフにした壁画が描かれているじゃないですか。これは、まさに「社会主義国ソ連」の匂い。北海道のすぐ隣にこんな所があったなんて！　私は興奮しました。

そして暮らし始めると、「日本」がちょこちょこ隠れていることに驚きます。通勤路の道端には漢字が彫られた謎の石が無造作に転がっています。お寺か何かの跡でしょうか。また、サハリンのシンボルの博物館は日本時代の建物で、新婚カップルの記念写真スポットになっています。神社の鳥居も残り、その前でロシア人の奥さんたちが井戸端会議。そしてそれらは、かつての敵、日本の名残としてロシア人が否定するわけでも、また積極的に肯定するわけでもなく、さりげなく存在し、今のサハリンの風景や生活の一部になっていました。とても不思議な感覚でした。

サハリンは、日本とロシアの間で領有権をめぐってさまざまな波にさらされましたが、日露戦争後の1905年、北緯50度線を境に南半分が日本領となり、約50万人が暮らしました。私がいたユジノサハリンスク市の大部分は当時は豊原《とよはら》市と呼ばれ、製紙業などで栄えました。しかし日本がポツダム宣言を受諾した後にソ連が南下して占領し、今に至ります。

また、民族的な観点から見ると、もともとさまざまな北方民族が住んでいた所に、ロシア人や日本人が定住し、日本時代には、朝鮮半島からも人々がやってきました。

2 注目！ コリア系サハリン人

こうして多民族が混住したサハリン。そのなかでも注目したいのは〝コリア系ロシア人〟と言われる人たちです。サハリンの人口の85％余りが白人のロシア系ですが、次に多いのが約5％、2万人余りいるコリア系の住民です。

写真：事務所のスタッフと。左から筆者、ビクトルさん、ヤーナさん、アレクセイ君。

彼らの多くは日本時代に朝鮮半島から渡って来た人たちとその子どもや孫たちです。コリア系の多くは朝鮮半島南部の出身と言われ、戦後日本人が本土に戻った後も、当時韓国と国交がなかったソ連当局から帰国を許されなかったと言います。ソ連と韓国が国交を結ぶのは１９９０年になってからで、いつかは韓国国籍がとれると期待してロシア国籍をとらないまま時が過ぎ、無国籍のため、島のなかでの移動の自由を制限されていたという人も多くいました。かつては韓国語での教育も禁止され、条件の良い仕事はロシア系の白人に占められるなど、コリア系の苦難が続きました。朝鮮半島の南北分断のみならず、ここサハリンにもコリアンの苦難があったのです。しかし彼らは、苦境を乗り超えてきた強さ、勤勉さに加えて、韓国とのつながりを利用したビジネスで成功する人が急増したことを背景に社会的地位を上げ、今では州政府の要人を出すまでになりました。

私たちの取材活動にかかせない存在の二人の青年リサーチャー、ヤーナさんとアレクセイ君も、ともにコリア系です。

私はときどき不思議な感覚にとらわれました。彼らの外見や日本語の流暢さもあり、彼らと働いていると、日本人の同僚と働いている気分になるのです。しかし、ときどき違いにも直面しました。表情や反応など微妙な点は、やはりロシア的です。また、仕事の面では、長時間会社にいることに慣れた日本人の感覚とはまったく違い、労働時間はきっちりと守ります。しかし仕事を完遂する責任感にいつも助けられました。

男性は徴兵制もあることから、ロシア国民であることを若いときから強く意識させられるようです。アレクセイ君も兵役を務め、それを誇りに感じています。本人が気に入っている旧ソビエト風の威厳のある模様が描かれた文具を「これ、かっこいいでしょう」と見せてくれたこともあります。先の大戦のドイツなどに対する戦勝を祝う式典の際には、ヤーナさんも「大祖国戦争（ロシアではこう呼ぶ）を戦い、今も国を守ってくれている男の人たちには感謝しなくちゃ」と敬意をもって語っていました。

ここまでは、国籍としてのロシア人のアイデンティティです。

しかし、民族としては、コリア系であることがすべての基本にあると感じました。外食と言えば韓国料理店に行き、コリア系同士でつきあい、結婚もコリア系とする人が多いようです。また、アレクセイ君は他の人の話をするときに「ロシア人の友達が……」などと言うのには驚きました。「え？では、あなたは何人？」と戸惑ってしまいました。ここで彼の言うロシア人とは、多数派の白人のロシア系民族のことでした。

しかし、では彼らはコリアンとしての民族意識がものすごく強いのか、と言うとそうでもないように感じました。家庭ではご両親は韓国語で会話するようですが、本人たちはほとんど話せないそうです。また、植民地支配の影響などから我々が一般的にイメージする韓国・朝鮮人の日本に対する悪い感情なども感じたことはありませんでした。

彼らの親の世代はサハリン生まれなものの、韓国語で話してコリア系同士で結婚するという人が多いようですが、彼らの世代は白人などと交際する人も増えているそうです。友人として、恋人として、家族として、異民族同士が自然に肌を触れ合う機会が増えれば、自然な形で民族が共存する社会ができ始めるのかもしれません。

また事務所には、ベテランカメラマンのビクトルさんもいます。彼は白人ですが、サハリンでは少数派のウクライナ系です。いつか私に言った言葉が印象に残っています。「サハリンって面白い所でしょう？　いろんな民族がサハリン人としてサハリンを作っているんですよ」と。そう言えば、出会ったロシア系のTVキャスターのガールフレンドはニブフと呼ばれる北方民族の人でした。とても自然なカップルでした。戦後現地に残った日本人の方々もすっかり高齢化しましたが、コリア系やロシア系と結婚した人などもいて、皆「サハリン人」として活躍していました。それぞれ民族の誇りはあるのでしょうが、それは良い意味で緩やかなもので、皆でサハリンを作っている感じがしました。

ヤーナさんやアレクセイ君についても、私は最初、「彼らのアイデンティティとは？　コリアン？　ロシア人？　もしコリアンならば韓国語を勉強しなくてもよいのだろうか？　日本に対してはどう考えているのだろうか？……」などと一人で考えたことがあったのですが、親しくなっていくうちに、私の考えが少し的外れに思えてきました。彼らは多様な民族背景を抱えながらも、それを意識しすぎることなく自然に生きています。どうも、「民族のアイデンティティはかくあるべし」と、私のほうがどこか凝り固まった考えをもっていたのかもしれません。私も気がついたら、何系の誰々ではなく、一人の人間として接して、彼らを好きになっていました。

3 領土問題の最前線ではあるけれど……

民族や歴史の面で面白いサハリンですが、実は、駐在記者の大きな使命は、日本の北方領土に関する報道です。北方領土は、ロシアではサハリン州クリル諸島の一部だとしています。しかし日本の記者は政府の立場から、ロシアからビザをもらって択捉島《えとろふとう》や国後島《くなしりとう》を訪れることはできず、ロシア人スタッフに取材してもらうしかありません。現場に一度も立つことなく一度も自分の目で見ることなく報道することほど、記者として辛いことはありませんでした。せめても、と、サハリンの街の声を聞きに行くと、「戦争の結果ロシアの領土だ」というロシア政府の主張どおりの〝模範回答〟があった反面、「日本人島民は前から住んでいたし、一緒に住んで島が発展したらよいと思う」という柔軟なスタンスの声も少なくなかったのが印象的でした。北方領土については、ロシア政府が積極的な開発を進め、中国企業も裏でビジネスを展開するなどさまざまな思惑が蠢《うごめ》いています。東京の報道局は緊迫したニュースを待っていたようですが、サハリンの人たちの反応はソフトなもので、国境地帯の緊迫感はありませんでした。

北方領土問題よりも多く報道したのは、お隣の島、北海道との強いつながりでした。

実は、我々の事務所の設立経緯は少し変わっていて、ソ連崩壊後に、札幌放送局の出先機関として設置されました。通常海外の支局は東京の報道局の管轄なのですが、サハリンは異色。「隣にある、歴史的にもつながりの深い島に事務所を置いてみよう」という発想で作られたのです。

北海道の稚内《わっかない》からはフェリーが就航し、およそ5時間でサハリン南部の港に到着します。大手船会社が2015年に撤退しましたが、航路は継続されました。

このフェリーに乗って、かつて生まれ育った〝ふるさと〟のサハリン（当時は樺太）を戦後初めて訪れた、北海道の日本人姉妹に会いました。二人が真っ先に向かったのは、なんとパン屋さん。お目当ては、黒パンでした。少女時代に終戦を迎え、進駐してきたソ連兵からもらった、少し酸っぱい黒パンの味が忘れられなかったのだそうです。当時は子どもだったこともあり、怖い思い出だけでなく、楽しい記憶も多かったとのことでした。

フェリーには、サハリンから自動車部品の買い付けに行く人が乗り込み、北海道からは野菜をサハリンに売り込もうとする農業関係者などの姿もありました。稚内や根室《ねむろ》の街の交通標識はロシア語でも書かれていますし、ユジノサハリンスクには友好都市にちなんで「アサヒカワ（旭川）通り」という道もあります。北海道とサハリンには、「隣の島だから」という単純な感覚で、東京やモスクワの中央政府を飛び越えた、国境地帯同士の、さりげなく自然な交流が存在しているのです。

4 ここはかつて戦場だった

多民族共生の島サハリンの、穏やかな一面を紹介してきましたが、私が最も緊張した瞬間がありました。

車でガタガタ道を北へ走ること10時間、北緯50度線の山中に行ったときのことです。ここは、日本領樺太とロシア領を分けていた旧国境地帯。終戦直前に参戦したロシアが南下して激戦となりました。

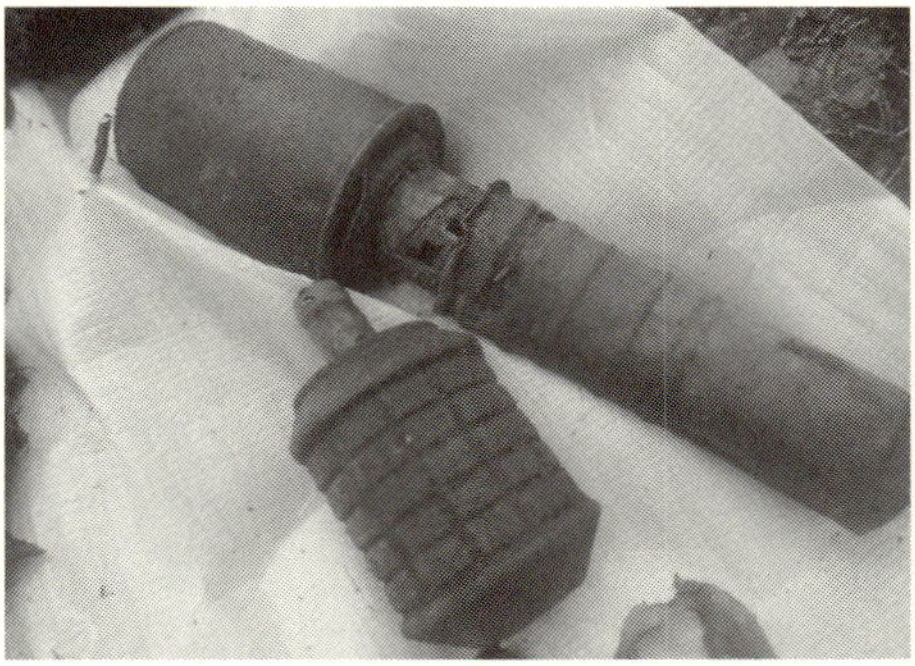

写真：日本兵の遺品・遺骨捜索作業（右）と出てきた手榴弾（左）。2013年７月、北緯50度線の旧国境地帯にて、筆者撮影。

そして戦後70年近く経った今、ロシア人の民間ボランティアが日本兵の遺骨を捜索するというので同行しました。アブが飛び回る山中の道なき道を金属探知機を使いながら進んでいきます。そして、反応した場所を掘り起こすと……。無数の薬きょう、鉄兜《てつかぶと》、手榴弾《しゅりゅうだん》、そして、何人もの人骨！「大日本帝国昭和20年」と書かれた硬貨まで出てきました。その瞬間自分の頭のなかが過去にタイムスリップしました。戦場の日本兵になったのです。ピシュッ、ピシュッと木々の間から飛んでくる敵の弾、目の前で倒れる戦友。そして、同じく怖かったであろうロシア兵の気持ちも想像して、心臓が張り裂けそうになりました。

これまではロシア兵の遺体だけが荼毘《だび》に付《ふ》され、日本兵の遺骨は放っておかれていたそうです。なぜ捜索を始めたかを聞くと、ボランティアのリーダーははっきりと言いました。「戦場に散った兵士に、今、敵も味方もないでしょう」と。遺骨は後日、日本の厚生労働省に引き渡されましたが、日本兵の特定にはつながらず、彼らはとても残念がっていました。しかし、互いが殺し合ったこの地で、ロシア人が日本兵の遺骨を捜索してくれたことはとても大きな意義があることだと思いました。

山からまた10時間かけてユジノサハリンスクに戻ると、人口20万人弱の小さな街も、まばゆい大都会に見えました。実は石油や天然ガス開発で財政は潤っていて、ロシア極東随一のショッピングセンターやスキー場もあります。アレクセイ君が少し照れながら言いました。「サハリンはロシアのなかでもやっぱり特別かな。ちょっと自慢したくなりますね」と。皆さんも、ぜひサハリンに行って彼の言葉を確かめてみてください。

北海道の、すぐ先ですよ！

おわりに――厳しい現実を超えて

この原稿を書いているとき、日ロ首脳会談に関するニュースが入ってきました。これから北方領土問題に再び関心が集まるでしょう。その際、首脳たちの言葉だけでなく、この国境地帯に生きる人たちの姿に光を当てることもメディアの役割です。

サハリンで見たのは、異なる民族が、悲しい歴史を超えて絶妙なバランスで共存し、サハリン人としてサハリンを作っている姿でした。

一方、世界を見ると、異文化の共存は容易ではないことを痛感します。移民・難民のテーマも受け入れに積極的な人と、拒否反応を示す人たちの対立が鮮明になっています。

しかし両者には、実は共通点がないでしょうか。それは、ともに「命」を意識しているということです。受け入れ派は、民族にかかわらず目の前で困っている人がいれば、その命を守りたいと考える。そして拒否派は、自分たちの命が脅かされないかと、人間の本能に近い恐怖感を抱くからこそ強硬になるのではないかと思うのです。共存を訴える人のなかには、「人権意識の遅れた人たちを啓蒙せねば」という考えをもつ人もいますが、実は拒否派は、まずは自分たちの命や生活を守りたいだけの人が大多数ではないかと思うのです。そして拒否派も、命がけで国境を越えて来た人たちに思いを馳せ、互いに思考の単純化から抜け出せれば……「命」をキーワードに、問題解決のための、人間の本能を超える知恵が見つかる気がします。

ところで、私たちメディアがこうしたテーマを扱う際には、葛藤も少なくありません。たとえば、違法なあっせん業者や、各種の保護制度に依存してしまう難民も存在しますが、受け入れ推進派には「まじめな難民が誤解されるから報道しないで」と言う人もいます。一方、心温まる異文化交流もありますが、拒否派からは「きれいごとでなく危険な実態を伝えろ」と批判されるかもしれません。しかし、それが事実ならば、どちらも市民に伝えねばなりません。メディアは市民への啓蒙・教育機関ではなく、判断材料としての事実を提供するのが使命だからです。また、そのためには、目を奪う事実だけでなく、その背景的要因まで掘り下げて人々に届けることも忘れてはならないと、肝に銘じているところです。

世界中が混沌とする今日、市民もメディアも共に意識を高くもって、社会の分断を止める方法を模索しなければなりません。その際、歴史上、異文化の衝突や共生の現場となってきた国境や辺境にも目を向ければ、何か知恵や教訓が得られる気がしてなりません。

第4章 映画から学ぶ移民とダイバーシティ
――映像メディアのパワーと役割

ダニエーレ・レスタ *Daniele Resta*

大東文化大学環境創造学部助教、博士（日本言語文化学）

イタリア・国立サレント大学大学院外国語・外国文学研究科博士課程前期課程修了、2014年大東文化大学大学院外国語学研究科博士後期課程修了。多文化社会研究会理事。専門は映像メディア論、比較文化学、翻訳論。

写真：イタリア・ポンペイにて。

はじめに――映画はなぜパワフルなのか

情報メディアは、今や私たちの人生になくてはならないものになりました。メディアには、さまざまな形態があります。映画はその豊かな魅力と視覚から情報が得られる即時性があり、国籍や国境などを越えて、ダイバーシティ（多様性）を表現できる最も強力な映像メディアであると言えます。

私も幼いころ、生まれ育ったサレント半島を囲むアドリア海の向こう岸に、あるいは母国イタリアの国境の遥か向こう側にある未知の世界に、大変魅力を感じました。そして、映画やテレビなどを見ることによって、簡単に足を運べない場所とも簡単に出会うことができることを知りました。そこで、大学では外国語外国文学部に入学し、語学だけでなく映像も通して英米と日本の文化を探究してきました。

日本の大学院に入学してから現在の研究活動に至るまで、私は文学と画像・映像をもつ各メディアの特徴と関係性に関心をもち、異なる形態のメディアがクロスすることによって生まれるパワーに着目してきました。そして、各国の文化や思想、社会問題などが、映画などのメディアを通してどのように表現され、さらに社会へとパワフルに伝わっていくのかを研究しています。

本章では、私の実践研究やボランティア活動の体験をもとに、映画に描かれた多文化社会や移民の姿を紹介します。映像を通してダイバーシティなど私たちの問題意識について、一緒に考えてみたいと思います。同時にそれは、多文化社会の到来に対し、メディアがどのような社会的役割を担いうるのかを考えることにもつながるでしょう。

1 映像メディアの社会的役割

❖アマトリーチェの地震とメディア

２０１６年8月、私は休暇と仕事を兼ねて数週間イタリアへ帰国しました。私が生まれ育ったのは、長靴のかかとに位置するサレント半島。今も家族が住むこの地で、私はのんびり息抜きをし、また集中して仕事に取り組んでいました。ところがある日の真夜中、このエッセイの草稿を書いていた私は、突然メディアから溢れる情報に襲われ、手を止めせざるをえませんでした。一生に一度だって、こんなことがなければよいと思いました。

ご存知のとおり、8月23日深夜、イタリア中部を大規模な地震が襲いました。震源地は、日本でもよく知られるパスタ料理「アマトリチャーナ」発祥の地・アマトリーチェ近くのヴァッレ・デル・トロント。テレビからは、無情な映像が次々と伝えられてきました。

痛みと破壊、悲劇と死、崩壊した教会、粉々になった歴史的な石造りの建物。瓦礫と化したホテル・ローマ。それは、アマトリーチェ郷土料理の聖地。

人々の必死の叫び、助けを求める生存者が救助隊に通報する声。

目前の建物の壁が崩壊する様子を生中継する映像。それを見て「グレート、グレート、グレート！」と不可解なコメントをするＣＮＮのテレビクルー。

自然がもつ残酷な力は、メディアから流れる無残な映像や音声となって、私を打ちのめしました。人間とはどれだけ儚いものなのかを考えさせられる映像もありました。そうしたなか、ある画像が

SNSを通じて瞬く間に世界中へ広がります。「アマトリーチェのピエタ（la Pietà di Amatrice）」と名づけられたその写真には、消滅した町のなか、絶望の表情を浮かべ、下半身に白い毛布を巻きつけて道端に座り込む女性の姿が写っていました。意図せずして真似たようにも見えるミケランジェロの作品とは異なり、一人の生きた女性の映像は、名高い芸術作品よりも人々の心を悲しみで満たし、深いショックを与えました。

一方、瓦礫の下で生き残った高齢女性と会話をする救助隊員の素晴らしい人間性も、映像で伝えられました。彼女を救い出す間、身動きできない高齢女性に「恥ずかしがらないで大丈夫、ここで用を足していい」と隊員が声をかけ、安心させていたのです。

数時間のうちに、こうした映像はイタリアから世界をめぐり、遥か遠い東アジアにまで達しました。そして、私のメールボックスやフェイスブックに、とりわけ日本の友人や知人、教え子たちから、私の無事を案じるメッセージやメールが届き始めました。これらのエピソードは、私たちの生活のなかで、メディアが担う中心的で不可欠な役割を物語る多くの実例のなかの、ごくわずかにすぎません。

❖メディアポリスに生きる私たち

ＬＳＥ（London School of Economics and Political Science）のメディア・コミュニケーション学部教授であったイギリス人学者ロジャー・シルバーストーンは、その死後、２００９年に出版された著書で、「メディアポリス」について言及しました。それは、現代社会で生きる手段として接触する誰もが参加できるメディア空間であり、私たちの世界観を形成し、日常の社会生活に相互作用をもたらします。各個人の生活のなかでメディアがもつ計り知れない影響力に対し、シルバーストーンは、より責任をもって批判的にメディアを用いるようにすすめ、今日のような無自覚で不適切なメディア使用の危険を強調しています。

2 映画に見る移民とダイバーシティ

❖ドラえもんから鈴木清順へ！

第二の故郷となった日本に移り住んで、この２０１６年で９年目になりますが、何を隠そう、私が日本に興味をもったのも日本のアニメや映画がきっかけでした。同世代の人と同様に、私も『ドラえもん』『タイガーマスク』に『キャッツ・アイ』『アタッカーＹＯＵ！』など日本のアニメを見て育ちました。そして、大学の卒業論文には、鈴木清順の形而上学的な映画を題材に選びました。

映画は、未知の領域を表現するための、また他者と自分とを比べるための強力な手段です。また、その誕生から映画は「現代・当世」と親しい関係をもっているわけです。人間や社会とのかかわり方が、他のメディアとは根本的に異なっていると思います。移民・多文化社会・ダイバーシティといったテーマが、最近の映画作品によって注目を集めているのも、まさに映画がもつこのパワーがあればこそでしょう。

❖イタリアが変わり、映画も変わる

長い間、イタリアは移民送出側の国であり、文字どおりのディアスポラ（離散家族）を生み続けて

きました。イタリア人による移出の波は、歴史上で二度あります。一度目はアメリカ大陸を目指した19世紀の終わりから１９３０年代です。そして、二度目はとくにヨーロッパの他の国々を目的地として20世紀の中ごろに起こりました。

ところが、１９７２年にイタリアの純移動率が移入超に転じます。そして90年代初め、アルバニアからの大挙移入によって初めて大規模な移民流入を経験したイタリアは、その後、とくに東ヨーロッパやアフリカ、アジアからの移民の目的地に姿を変えました。以来、イタリア社会は移民の密貿易や人身売買、さらに社会統合といった難しい問題に立ち向かってきました。そして映画もまた、これら移動する人々を描いてきたのです。これが、今日まで続く「イタリアの移民映画」発展の始まりです。

❖移民映画が描くダイバーシティ

移民映画は、その内容として多様なジャンルに触れることができ、複数レベルでダイバーシティを表現し、さまざまな問題に交わります。そのなかに、移民というプロセスから生まれるジェンダーとセクシャリティに対する理解があります。

最近、ラウラ・ビスプリ監督の初長編作品『処女の誓い』（原題 *Vergine giurata*、直訳「宣誓処女」、２０１５年）について論文を書きました。この映画は日本では未公開ですが、「イタリア映画祭２０１６」で初上映され、高い関心を集めました。「処女の誓い」と言っても、修道院に入って云々という話ではなく、アルバニアに残る「宣誓処女」の伝統をテーマとしています。

「宣誓処女」とは、北アルバニアの山村社会で支配的な男尊女卑から逃れるため、純潔の誓いを立て、男性になることを宣言して、「ジェンダーとしての女」を手放す女性たちのことです。

この映画の主人公・ハナは、女性をただ「ものを運ぶための袋」のように見る北アルバニアの慣習的な法「カヌン」によって支配された農村社会から逃れるため、宣誓処女になりました。時間とともに家族を失ってきたハナは、イタリアに旅立つことを決意します。そして、新天地で異なる社会秩序や価値観と出会った彼女は、ジェンダーや女性らしさを再発見していくのです。ここでは、因習に支配された北アルバニアの山村社会に対し、イタリアはハナに性を考え直す契機を与えた「自由の地」として描かれます。

3 移民映画で地域交流!?

❖みらいネット高島平での「学び合い教室」

さて、私が所属する大東文化大学の板橋キャンパスは、高島平という閑静な住宅街にあります。大学に近接する高島平団地は1970年代に開発が始まり、当時は「東洋一」とも言われたマンモス団地でしたが、近年は建物の老朽化と少子高齢化による地域活力の低下に悩んできました。

しかし現在は、徐々に元気を取り戻し、一部には「シニアの楽園」という声も上がるほどになりました。その活力の一端を担っている（と自負している）のが、同大学環境創造学部の教員・学生と地域住民の有志がボランティアで立ち上げた「みらいネット高島平」プロジェクトです。

2016年、私は、その活動拠点である「コミュニティ・カフェ・グリーン」の「学び合い教室」で「イタリアの言語と文化」という講座を担当しました。この「学び合い教室」は、学生や教員が特技や研究を生かす講座もあれば、住民の方がリードする講座もあって、そのテーマは多彩です。

私の講座では、移民問題、社会統合や多文化社会などについて参加者の意識を高めるために、アンドレア・セグレ監督の『ある海辺の詩人――小さなヴェニスで』（原題 *Io sono Li*、２０１１年）という映画を鑑賞しました。セグレは、全作品をこういったテーマに捧げているイタリアの映画監督です。約20作を含むフィルモグラフィのなか、この一作しか日本語に訳されていません。しかも、よくあるように、日本語のタイトルはなぜか原題と離れたものになっています。原題 *Io sono Li* は、「私はリーである」という意味もありますが、「Li」は、アクセント付き「lì」で表記すると、「そこ、あそこ」という意味もあります。「私はそこにいますよ」というのを、中国に自分の子どもを残した、イタリアに移民した中国人お母さんからの哀れな言葉として見てもよいでしょう。

写真：高島平団地での多文化共創アクティブ・ラーニングの実践（2016年７月）。

この映画は、仕事を求めてイタリアにやってきた中国人移民シュン・リーの物語です。彼女は移民の密入国を手引きする中国マフィアに借金を返し、中国に残してきた息子を呼び寄せるために、辛い仕事にも耐え、懸命に働きます。

リーはローマの織物工場に勤めた後、ヴェネツィア近郊のキオッジャで、地元の漁師がよく集まるオステリア（居酒屋）のバーテンダーとして働きます。そこで彼女は、イタリアに住んで30年になる、とあるユーゴスラビア移民の年老いた漁師と仲良くなります。彼は、即興で詩を作るのが得意で、「詩人」という愛称で呼ばれています。二人の間に恋愛関係が生まれますが、周りの人々が嘲笑し、交際に反対します。結局、子どもを呼び寄せる際の障害となることを恐れ、リーは彼との関係を断つほかありませんでした。

　移民、社会統合とダイバーシティをテーマとしたこの繊細な物語は、受講生たちを驚かせ、また夢中にさせました。とくに、イタリアで関係を結ぶ二人の移民という映画のストーリーが興味深かったようです。

「イタリアは移民が多い国と聞きます。リーさんは、借金にしばられて、中国人のボスが経営する工場や店で、中国に残してきた我が子のために働かされ、おそらく知り合ったユーゴスラビア人の漁師が、遺産を使って借金を返済してくれたのでしょう。子どもとイタリアで再会する場面に感動しました。」

「白人と黄色人種、西洋と東洋文化。差別意識はある。それをわきまえて交流すべきだと思う。」

とは、どちらも70代の男性からのコメントです。

　この映画を鑑賞することで、多くの日本人がもっている「幸せで屈託のないイタリア人」のイメージに、疑問符がついたようでした。

「この映画を見て初めて、イタリアには移民が多いことを知りました。イタリア人《ママ》と中国人との友情も、移民であるがゆえに諦めなければならないということが悲しいです。今までイタリアというと明るく楽しいイメージだったけど、そればっかりではないんだなぁと思いました。また、イタリア映画を見たいと思います。」

と、こちらは女性からのコメント。

ある受講者は、歴史的・政治的な配慮について考えたようです。

「イギリスのEU離脱が思い起こされる。グローバリズムとローカリズムの対立は永遠のものなのだろうか。ローマ帝国時代の移民や奴隷との接し方も気になってくる。もっと民族間の交流が進んでもよいのではないかと思う。」

おわりに

映画は、短い時間で、デリケートなテーマについて私たちを刺激し、日常生活ではかかわる機会がないであろう人々へと視野や関心を広げてくれます。移民を扱った映画であれば、人種や性別などが複雑に絡み合った現代社会におけるダイバーシティについて、理解を深めることができます。それは、受講者のさまざまなコメントにも表れていると思います。

移民映画をはじめ、映像メディアはさまざまな形のダイバーシティに対する共通の意識を高めるのに効果的な教材だと思います。表現者と鑑賞者の双方が、メディアの力を軽視・無視することなく、シルバーストーンが示したセンシビリティと批判・責任ある精神で、メディアを扱うことが理想的だと思います。

それが叶えば、メディアが社会統合や「多文化共創社会」の発展に多大な貢献をすることは、大いに可能性があるでしょう。

第Ⅱ部
主体性と多様性の学びが未来を拓く

写真提供：ＪＡ新あきた

第5章
外国にルーツをもつ子どもたちへの日本語教育
――JSL教師の育成と支援を！

関口　明子　*Akiko Sekiguchi*

公益社団法人国際日本語普及協会（AJALT）理事長

慶應義塾大学文学部卒業。1982年、社団法人（現公益社団法人）国際日本語普及協会（AJALT）に入会し、現在に至る。兼職として1982～1998年、財団法人アジア福祉教育財団難民事業本部大和定住促進センターにおいてインドシナ難民年少者および成人への日本語教育に従事（1990～1998年、主任講師）。1995～2009年、横浜国立大学教育人間科学部講師。

はじめに

私たちＡＪＡＬＴ（Association for Japanese-Language Teaching：公益社団法人国際日本語普及協会）のミッションは日本語教育を通して日本と日本文化を発信し、世界中のより多くの方々に日本への理解を深めていただき、その活動を通して、世界平和のために貢献することです。

これまで、ビジネスパーソン、主婦、子どもたち、難民、留学生、大学教員、技術研修生（技能実習生）、地域の定住者など、社会の縮図と思える多様な背景の人々に日本語教育を行ってきました。そのなかでも技能実習生への日本語教育は、難民を含む外国にルーツをもつ子どもへの教育とともに、私にとって大切なライフワークです。

技能実習生への教育は、ＪＩＴＣＯ（Japan International Training Cooperation Organization：公益財団法人国際研修協力機構）からの依頼で始まったもので、日本が初めてブルーカラーの技術研修生を受け入れた、第１期の研修生から授業を担当しました。千葉の海岸沿いの国民宿舎、牛久や下妻などへ各駅停車の電車で通った思い出があります。研修生用の教科書を徹夜で書いたことも思い出します。この教科書の改訂版を現在も多くの方々に使っていただいています。一部では、マスコミに取り上げられるような非人道的な企業も後を絶たず、怒りを覚えますが、一方には本当に真面目で一生懸命な技能実習生・研修生、組合や企業の方々も増えており、そんな人々がたくさんいることを伝え続けてきました。

また、14年間にわたり横浜国立大学教育人間科学部で週１回の授業「日本語教育教授法」「日本語教育演習」も担当しました。ＡＪＡＬＴで現場を経験しながら研究をしていくうちに専門領域が定まり、難民とその延長上の地域で生活する人々と子どもたちのことをライフワークとして意識するようになりました。

本章では、私のライフワークを決定づけたインドシナ難民との出会い、また外国にルーツをもつ人々と子どもたちの実情についてお話しし、最後に外国にルーツをもつ子どもたちの未来のために私たちが果たすべき責任と、そのためのシステムづくりについて提案したいと思います。

1 日本の難民受け入れ

❖カンボジア難民Ｋ君の思い出

「先生、何でもいいですか。」

「えっ？」

「書きたいです。全部書きます。いいですか。」

「もちろんです。書きたいことを何でも書いてくださいね。」

私がこう答えると、カンボジア難民の若者は目を輝かせ、自分が日本の人たちに知らせたいと思っていたカンボジアでの出来事について、堰を切ったように書き続けました。日本語学習の仕上げとして作成する文集用の作文を書いたときのことでした。

カンボジア難民のＫ君と日本語教師の私とのやりとりで、「先生、日本は平和ですね」と彼。そしてポルポトの怖かったこと、親と遠く離れ、土を掘ったり運んだりする仕事をさせられたこと。お粥……というより、白くにごった汁を器に1杯だけの食事。ちょっとでも休むと後ろから鉄棒で叩かれたこと……。日本語でどう書くか、次から次へと質問攻めだったことを思い出します。

❖日本に難民はいない!?——インドシナ難民、条約難民、第三国定住難民

「日本に難民はいない。でも経済大国なんだから受け入れたらどうか。」

「日本に難民がいるそうだけれど、どういう所にいるんですか。」

といったやりとりを今でも耳にします。これまで日本は、一般に難民への関心が低く、他の先進国と比べて受け入れ数も圧倒的に少ないと言われてきました。確かにそのとおりですが、国際条約上の難民の数だけが取り沙汰されているのは残念です。1981年の難民条約加入後、「人種・宗教・国籍・政治的信条などが原因で、自国の政府から迫害を受ける恐れがあるために国外に逃れた者」という定義に基づいて受け入れた「条約難民」の数だけを見るなら、1982〜2015年の間で660人にすぎません。

しかし実は、日本には条約難民認定とは別に受け入れられてきた難民の存在があります。1975年のベトナム戦争終結に相前後してインドシナ3国では政治体制が社会主義体制に移行し、新体制のもとで迫害を受ける恐れがあったり、新体制に馴染めなかったりなどの理由から、ボートや陸路で自国外に多くの人々が逃れ始めました。こうして、ベトナム・ラオス・カンボジアから脱出した人々は「インドシナ難民」と総称され、その数200万とも300万とも言われました。

そして1979年、日本は閣議了解でインドシナ難民の受け入れとわが国での定住を支援する方針

を決定し、1978~2005年の間にその受け入れ総数が1万1319人（定住許可数）にのぼったことはあまり知られていない事実です。

近年では、2008年12月の閣議了解で第三国定住による難民受け入れが開始され、2010年9月の第1陣から2016年9月の第7陣まで、31家族123人の受け入れも行われています。つまり、日本では国際条約上の難民の受け入れは昨年までで660人ですが、閣議了解で受け入れ決定したインドシナ難民、第三国定住難民は2016年9月までで、1万1979人、合わせて日本では1万2639人の難民を受け入れているという事実もあまり知られていないと思います。

2 難民への日本語教育

❖大和定住促進センターにて

日本が受け入れた難民の来日直後の日本語教育は、国がアジア福祉教育財団難民事業本部に委託し、そこから日本語教育参与を通してAJALTの日本語教師が担当してきました。

その間、1982年から1998年までの16年、私は大和定住促進センターでインドシナ難民を教えてきました。国内の日本語教育の分野で初めて難民への日本語教育、つまり生きるための「第二言語としての日本語（Japanese as a Second Language: JSL）」教育が実施されました。当時主流だった留学生や就学生への日本語教育とはずいぶん違った内容が求められました。

留学生の日本語教育は大学の授業が理解できるための日本語を学ぶのですが、右記のJSL教育は生活のための、生きるための、第二の母語としての日本語を学ばなければなりません。移民先進国ではすでにその歴史は長いです。英語圏では第二言語としての英語、ＥＳＬ教育はよく知られています。

成人クラスは20歳～60歳。ただし、希望すれば60歳以上でも受講は可能で、部屋に残っているよりは教室に行ったほうがよいと、実際は年齢にかかわらず全員が参加していました。１クラス11人以内という文部省の決まりに従い、全員日本語力はゼロですが、プレイスメントテストで習得能力を測り、クラス分けをしました。センターを出てから働かなくてもよい、いわゆるお年寄りのクラスも作りました。子どもクラスは年齢で分け、ターゲットを日本の学校生活、習慣、生活マナー、勉強に絞り、少しずつ日本の生活に慣れながら日本語を習得していくようにしました。こうした考えをもとに、多くの教材を作成しました。それらは現在でも各地で広く使用されています。

写真：大和定住促進センターの教室でのカンボジア難民子弟への日本語授業。左は筆者。

❖難民への教育は国益そのもの

世界情勢を見るとテロの脅威は広がり、ヨーロッパへの難民流入は増加の一途をたどっています。日本の対応にも多くの目が注がれています。ＡＪＡＬＴの日本語教師は１９８０年にインドシナ難民への日本語教育を委嘱されて以来、今日まで条約難民、第三国定住難民の日本語教育を担っています。この36年間の知見と経験をもとに、これからも覚悟をもってしっかり活動していきたいと思います。国には、今後難民の受け入れを継続的に実施していくうえでも、これまでの受け入れ実績と今日の実態を把握し、長期的ビジョンをもってサポート体制を考えてほしいと思います。そのなかには、すでに日本に根を張って暮らしている難民の方々へのサポートも、もちろん含まれます。彼ら、彼女らはともに生きる大切な仲間であり、日本を支える大きな力になっている、そし

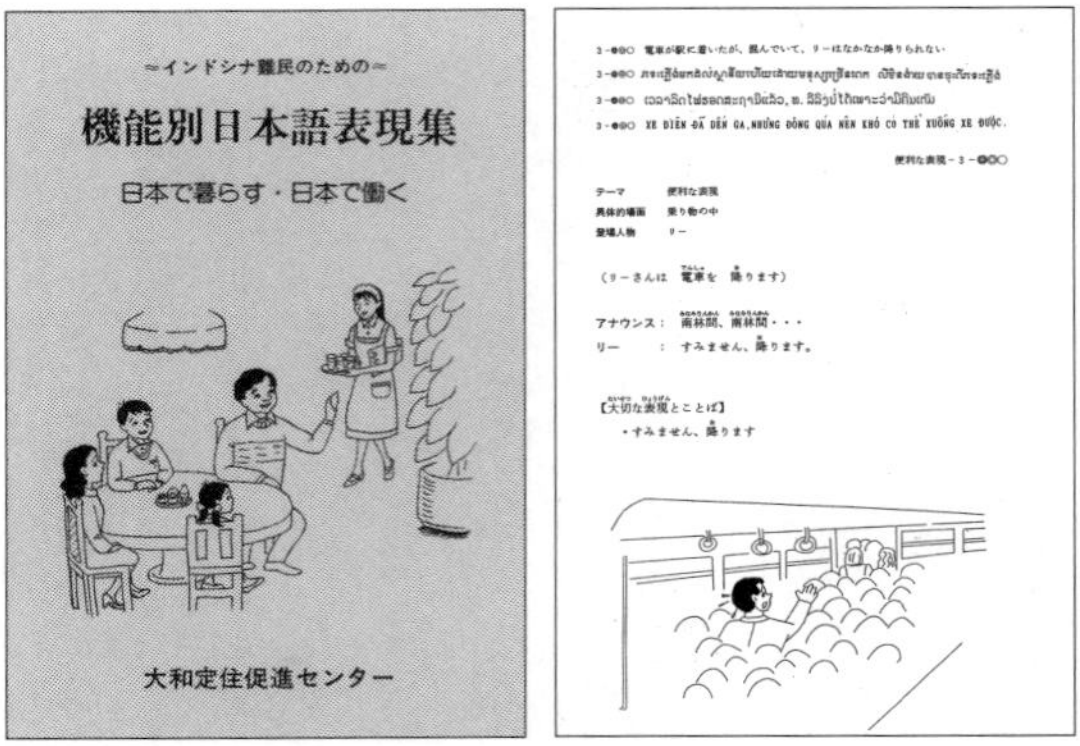

写真上：大和定住促進センターでインドシナ難民のために開発された教材「機能別日本語表現集」。場面ごとの挨拶、謝罪、ものの尋ね方など、学習進度に応じて運用力を養う。

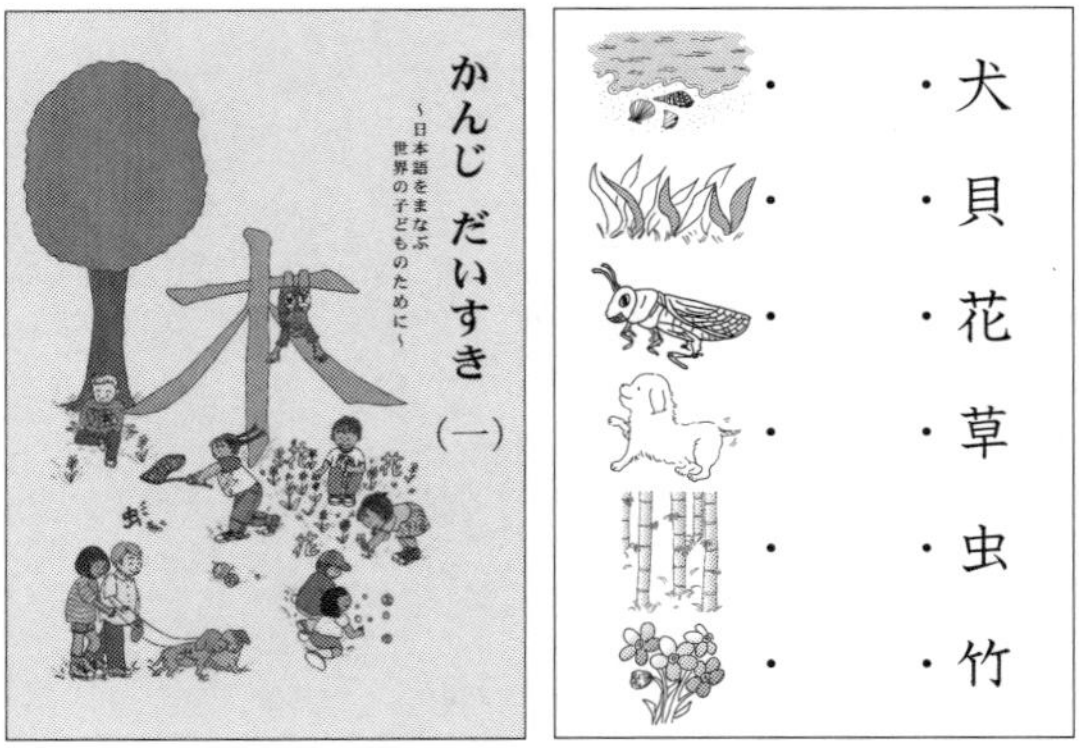

写真下：インドシナ難民の子どもクラス向けに開発した『かんじだいすき』（一）〜（六）は、日本語を母語としないすべての子どもたちが小学校１〜６学年の配当漢字を無理なく学べる。これを土台に、中学に向けて教科の重要語彙が学べる「国語・算数編」「社会・理科編」へと開発を続け、本冊、副教材を含めて、現在全21巻を備えている。

てこれからもなってくれるであろう人々です。日本が難民を受け入れる責任をどこまで果たせるかは、彼らの力をどこまで引き出せるか、より現実的には、彼らの力を国益と考えて予算をどこまでかけられるかにかかっていると思います。

3　外国にルーツをもつ子どもたちへの日本語支援

❖誰もが堂々と生きていける国に

「先生、お兄ちゃんがこの教室に来ているときは、一生懸命勉強した?」とB子。

「お兄ちゃんは本当に一生懸命勉強したわよ」と私。

「やっぱり……。」

「どうしたの?」

「お兄ちゃんが私にね、日本語教室にはちゃんと休まないで行って、しっかり勉強しないとだめだ、お兄ちゃんは真面目に勉強したんだ、と言ったの」とB子。


B子の兄のA男は、この教室を開設した2000年に1年生として登場した腕白坊主。教室で本を投げたり、他の子の本を取り上げたり、歩き回ったりひっくり返ったり大騒ぎしてみんなを困らせた、今までで一番手のかかった少年でした。そのA男が、妹にそんなお説教をしたのかと思うと、本当におかしいやら、嬉しいやら。後で初期のころを知らない仲間たちに話したら、みんな大笑い。そんなA男も6年間ほとんど休まずに出席を続け、中学での成績はクラスのなかで上位に入っていました。

高校に入ったときも教室に知らせに来てくれ、そして２０１６年春、大学を卒業しました。

近年、外国人居住者の増加に伴い、外国にルーツをもつ日本生まれの子どもたちも増えていますが、日本語の習得が不十分なために学校の授業についていけないというケースがしばしば見受けられます。これは日本社会がようやく気づき始めた問題と言えますが、A男のケースはその先駆けでした。しかし、子どもの日本語教育の専門家と日本語ボランティアの連携は、地域の子どもが生活マナーを身につけ、学習能力を高めることを支援し、日本社会で堂々と生きていける若者を輩出してきました。A男の存在は、私たちの10年以上にわたる実践の成果を証明してくれています。

❖学校・NPO・日本語ボランティア・子どもの日本語教育専門家の連携

神奈川県横浜市と大和市にまたがるいちょう団地、ここにはインドシナ難民の家族が多く住んでいます。私は、その周辺にある、いちょう小学校（現在廃校。飯田北小学校と統合し、横浜市立飯田北いちょう小学校となっている）、飯田北小学校、渋谷中学校で日本語教室を11年間続けてきました。きっかけは１９９５年ごろ、私が大和定住促進センターの日本語主任講師をしていたとき、櫻井ひろ子さん（現ＮＰＯ法人かながわ難民定住援助協会会長）と出会ったことです。私たちは、難民を含め外国にルーツをもつ子どもたちが学校の勉強についていけない状況、周囲の大人の無理解をお互いに嘆き、何としても学校にこの実情を理解してもらい、放課後の校舎でプロの日本語教師による日本語支援教室を開催したいと、一緒に訴えて回りました。

しかし、ある中学校でのこと。

「うちの外国籍の子どもたちは、別に日本語に困っていませんよ」と校長。

図表5－1　関口がNPOなどとの連携で立ち上げ、実施した子どもの日本語教室

①大和センター友の会（1998年～現在）（ベトナム、ラオス、カンボジア、中国）インドシナ難民と日本語教師が連携したボランティア教室の立ち上げ
②上飯田地区親子の日本語教室（2000～2011年）（ベトナム、ラオス、カンボジア、中国）　地域の学校（いちょう小、飯田北小）と地域の日本語ボランティアと日本語教師の連携（2002～2005年、文化庁の委嘱を受ける）
③藤沢地域子どもの日本語教室（2002～2005年）（ブラジル、ペルー、ボリビア）地域の小学校と地域の大学、NPO法人、日本語教師と地域の日本語ボランティアとの連携
④新宿親子の日本語教室（2004年）（中国、韓国、タイほか）　文化庁の委嘱を受け、地域の学校（大久保小）、財団法人新宿文化・国際交流財団、地域の日本語ボランティア組織（虹の会）、AJALTとの連携で実施
⑤高座渋谷学習センター親子日本語教室（2006～2008年）（ブラジル、ペルー、ボリビア、ベトナム）　日本語ボランティアと日本語教師の連携
⑥新宿子どもの日本語教室（2008年3月～現在）　初年度は新宿文化・国際交流財団の主催（文化庁委嘱事業）で外国にルーツをもつ教室講師（研修済み）と新宿の日本語ボランティアと日本語教師との連携で実施。外国にルーツをもつ教室講師が母国の子どもたちに日本語支援活動をするにあたってのサポート活動（教室開催前に講師予定者の研修も実施）
⑦横浜親子の日本語教室（2011年3月）　横浜市都市経営局国際政策室からの委託で、日本語ボランティアへの研修と実習を含めたモデル事業として実施。自治体、教育委員会、ボランティア、AJALTの連携として貴重な試み。3.11の震災で中断

「そうですか。では、高校受験など何も問題ないのでしょうか」と私。

「ええ。進学を希望する子どももいて、高校にも行っていますから。」

「えっ？　つまり、進学を希望しない子どももいるのですね。その子たちを何とか高校に行けるようにしてあげたいと思われないのでしょうか。」

「本人が希望しない場合はねぇ……。」

　私たちは、この校長の答えにあきれて、早々に失礼しました。もっとも、子どもたちに無料で日本語支援をしようという申し出をあっさり断った校長は、数年後に「ぜひやってほしい」と櫻井さんのNPOに頼んできたそうです。２０００年に、いちょう小学校の協力のもとで地域の

子どもの日本語教室をスタートしたとき、「ここまでくるのに7年かかりましたね」と話し合ったことを覚えています。私たちが実施してきた取り組みをまとめると、図表5－1のようになります。

こうして、外国にルーツをもつ子どもたちへの日本語支援を続けて30年になります。私たち専門家と地域のボランティアとの連携を図り、国、学校、NPO、公益財団法人などに支えてられてきました。地域在住の外国にルーツをもつ子どもたちを体系的に指導し、学校の勉強についていける日本語の底力を培える専門家と、母親のように包み込む優しさできめ細やかに対応するボランティアとの連携がぜひとも必要です。日本語も勉強もおぼつかない子どもも、ボランティアの愛情と支援に育まれて教室に通い続け、専門家による適切な日本語指導を受け続けるなら、やがて学校の勉強に着実に取り組めるようになるでしょう。

4　ＪＳＬ教師の育成と支援を！

❖なぜ「子どもの日本語教育」か

ここまで、30年以上にわたる私たちの活動の一端を、具体的にご紹介してきました。では、なぜこれほど「子どもの日本語教育」にこだわらなければならないのでしょうか。それは、言語の習得機会を十分に与えられないと、その後の社会生活において、あまりに不利な立場に陥ってしまうからです。

日本の学校で学んでいる外国にルーツをもつ子どもたちといっても、一括りにできません。たとえば母国で10代まで学校教育を受け、母語ではその年齢相応の学習は習得しているが来日して日が浅く、日本語はよくわからないという子どももいれば、前述のA男のように、日本生まれで小学校1年から日本の学校で学んでいるので、一見日本語はペラペラ、喧嘩も日本語で上手にできるという子どももいます。しかし、A男は学校の授業で「お風呂の温度」について学習したとき、お風呂の文字を指し、私に「先生、これ何と読む？　意味は何」と聞いてきました。話をしたら、彼は毎日お風呂に入っています。しかし、母親は「お風呂に入りなさい。お湯が冷めないうちに」などと、日本語では話しかけません。ベトナム語では言っていると思います。彼は毎日お風呂に入っていながら、日本語での表現を知らなかったのです。彼の家庭内における言語環境は両親ともにベトナムですから、彼が日々家庭内で聞く日常言語はベトナム語だということです。だからといって、彼はベトナム語での学習経験はありません。日本生まれですから。ベトナム語の識字教育は受けていないのです。

最近増えてきているこのタイプの子どもたちは一見ペラペラですから周囲から同情もされず、わからないのは本人が勉強していないからだと思われます。ところが圧倒的な語彙不足、とくに文化的な背景を伴う語彙はなおのこと理解を超えています。てるてる坊主、かぐや姫、おむすび（おにぎりはコンビニで買うので知っているが）などなど。この語彙不足が学校の授業についていけない大きな要因になっています。母国の学校で母語で学習してきている子どもたちとは解決しなければならない課題が違います。A男のような子どもには翻訳は何も役に立たないのです。周囲が油断しているうちにダブルリミテッド、セミリンガルといういわゆる言葉をもたない子どもになる可能性もあるのです。

では、どうすればよいのでしょうか。やるべきことは数多くありますが、ここでは最も重要な課題の一つとして、ＪＳＬ教師の育成・支援システムの構築について提案したいと思います。

（1）子どもたちのアイデンティティの揺らぎの受け止め方

複数の文化をもつ子どもたちは自分はいったい何なのか、あるいはどこの国の人間でもないのではないか等々、悩んでいるケースがよくあります。複数の文化背景のなかで育っていること自体が彼らの存在意義なのだと、プラスの自己評価をしてほしいと思います。そのためには周囲の我々大人が彼らの豊かな複数の文化を受け入れ、認めることが必要です。そうすれば、子どもたちに自尊感情が育ち、親とも違う自分自身の文化（自文化）が確立されると信じます。

（2）行政への提言

日本で生きるこうした子どもたちに接しながら、彼らへのサポートとして何が一番必要か、長年、急務だと実感してきたことが、以下の2点です。

①保護者への強力なサポート体制の構築

子どもたちの成長に最も影響を与える家庭、つまり保護者への強力なサポート制度づくりが重要です。日本の学校のシステムや文化その他の情報を効果的に提供し、保護者として必要な日本語力をつけるためのシステムづくりです。

②子どもたちへのJSL教育の専門家（JSL教師）資格制度、専門家育成・研修制度の確立

前述のA男の例のように、どんどん成長していく子どもたちの限られた大切な時間を使っての日本語教育にとって最も大切なのは、その時間内に子どもたちに誰が、どのように指導して授業についていける日本語の底力をつけるかということです。いわゆる前述の子どもたちへの日本語指導の専門家

としてのＪＳＬ教師資格試験の策定、ＪＳＬ教師の育成および研修の実施を提言します。そして専門家であるＪＳＬ教師が学校内では教員との連携で、地域では日本語ボランティアとの連携で望ましい支援を実施していくことです。そこで初めて、子どもたちが本来の輝きを見せ、はつらつと生きることができるのです。

指導の方法を含む指導内容の検討と、そのシステムづくり、さらにそのシステムづくりの実現に向けた具体的な提案を記します。

1　国としてのＪＳＬ教師資格試験の作成と実施
2　ＪＳＬ教師を学校に配属する
3　ＪＳＬ教師資格は非教員でも取得可とする
4　育成と定期的研修の実施
5　ＪＳＬ教育対象の子どもが在籍していることを前提とした、学習指導要領の抜本的見直し
6　ＪＳＬ教育の教職課程での必修科目化
7　学校外に於いてもＪＳＬ教師と地域の日本語ボランティアの連携を確立
8　子どもへの精神面でのサポート体制の充実
9　本テーマの子どもに対しては教室で使用する教材などは無償とする

現実に子どもたちはどんどん成長していきます。二度とない人生を無駄にさせないためにこのシステムづくりをぜひ真剣に早急にお願いしたいのです。

おわりに

私たちが21世紀の日本を活力ある社会にしたいと望むなら、外国人を単なる労働力としてではなく、この社会を一緒に創っていく価値ある仲間として、頼れる担い手として考えなければなりません。彼らが母語でなら発揮できる多様な能力を日本語力の不足ゆえに発揮できず、貧困に陥り、子弟の教育も十分にできない状態は、彼らに対して大変失礼なことであり、私たちにとっては大きな損失です。

とくに私たち受け入れ側は、外国にルーツをもつ子どもたちの未来に対して責任をもたなければならないと思います。彼らが日本語を豊かに使えるようになり、教育を十分に受け、日本社会を支えられるようになるために、私たち大人は、国も、自治体も惜しみない協力をしなければなりません。この社会の担い手である彼らが立派な人間に育つことは、私たち一人ひとりのためであり、社会のため、日本のため、世界のためなのです。

21世紀を担う外国にルーツをもつ人々への日本語教育はその意味でも今後の日本の将来に大きな影響を与えると考えます。だからこそ、子どもへのＪＳＬ教師の資格制度の策定、ＪＳＬ教師の育成、支援システムの構築など、彼らへの教育に大きな予算をかけてほしいと切に願います。

第6章 夜間中学でいつでも誰でもどこでも基礎教育を！
——義務教育機会確保法成立までの道程

関本 保孝 *Yasutaka Sekimoto*

元夜間中学教諭

1954年、神奈川県三浦市出身。1978年、中央大学文学部史学科卒業（中学校社会科教員免許取得）。1978年より約36年間、東京の夜間中学4校で教鞭をとる。

写真：墨田区「えんぴつの会」にて日本語会話を教える著者。

はじめに

❖夜間中学との出会い

私はもともと中学校の社会科の教員を目指していましたが、たまたま、1978年8月に墨田区教育委員会から「曳舟中学校（現文花中学）夜間学級で中国帰国者に日本語を教える気はないか」と連絡があり、私は「3年やったら昼の中学に異動しよう」と密かに思いつつ、快諾し9月より夜間学級の日本語教師として教員生活を始めることになりました。

しかし結局、退職までの約36年、夜間中学に勤務しました。夜間中学には小学校未修了や日本語がわからない生徒が多く現場裁量の比重が大きかったこと、日本語教育という未開拓の仕事であることに大いに魅力を感じたからです。生徒の生活を踏まえた日本語の教材づくりや教育条件の改善などに力を入れてきました。

現在、夜間中学は8都府県に31校しかありませんが、夜間中学は日本の教育の新しいあり様を示しており、今後全都道府県への設置など、ぜひ拡充を進めていきたいと思います。

❖夜間中学は時代の鏡

夜間中学は、敗戦後、貧困から中学に通えない子どものため、学校教育法施行規則第9条にある「二部授業」の規定を根拠に学校長などが教育委員会を動かし、1947年に開設されました。

1960年代までは主に学齢生徒、70年代以降は、かつて学ぶ機会が得られなかった成人の日本人や在日韓国・朝鮮人、元不登校やひきこもりの若者を受け入れてきました。また、各時代を反映して、１９６５年の日韓基本条約締結後は韓国引揚者、72年の日中国交正常化以降は中国帰国者、そして75年のベトナム戦争終結後からは、インドシナ難民も受け入れています。

さらに２０００年前後からは、仕事や国際結婚などで来日した外国人やその家族などが急激に増え、アジア・アフリカからの難民やいわゆる「脱北者（北朝鮮からの亡命者）」、無戸籍・居所不明者なども入学しています。

このように、夜間中学はまるで鏡のように、その時代、その社会で誰が弱者の立場に追いやられているのかを映し出してきました。そして、社会的弱者である義務教育未修了者のかけがえのない学びの場として大きな役割を果たしてきたのです。

1　学習権が基本的人権を守る

発展途上国では何割もの非識字者がいる国もあり、代筆業という職業さえあります。

一方、日本はその割合が１％前後であると推測され、それゆえ、義務教育未修了者の人々はそれを隠し社会の片隅でひっそりと生活しています。その証言を一部紹介します。

埼玉県に住む70代の女性は、以下のように述べています。

「子どもの学校のＰＴＡに行ったときには、話題に入り込めず、発言をすることができません。……駅で字が読めず、人に聞かなければキップを買うことができないこともあります。ローマ字や外来語が読めなくて困ることがよくあります。買い物に行ったときには、何％割引と書いてあってもすぐに計算ができません。……仕事をしたいと思っても履歴書に小学校卒業までしか書くことができず、また、私の学歴がないことで、息子がばかにされたりして、親としても悩むことがありました。」

また、大阪に住む50代の障がいをもつ男性は、こう述べています。

「肢体不自由という『障害』のため、自分は学校に行きたかったが、就学猶予にされ学校に行けなかった。また、家庭が貧しかったため家でも勉強ができず文字の読み書きがまったくできなかった。両親の健康状態が悪くなり、『障害』者の施設に入れられ、母の葬式にも兄の結婚式にも出席させてもらえなかった。施設でも文字が読めないことで差別を受け、何度も悔しい思いをした。」

元不登校の20代の女性は、「〝死ぬ前にもう一度だけ勉強したい。〟……しかし、文部省から言われたことは、夜間中学は埼玉県にはなく、そして東京都には8校あるけれども、東京都に在住か在勤している人でないと入学できないと断られました。……電話を切ったあと、涙が止まりませんでした」と、切実な思いを語りました。

義務教育未修了者の人々は、高学歴社会日本のなかで大変な不便と苦痛を感じ人間としての尊厳まで奪われているのです。

日本国憲法や国際人権規約では、幸福追求権・表現の自由・職業選択の自由・参政権などの基本的人権がうたわれています。しかし、それらの基本的人権でさえ、その前提として学習権の十分な保障がなければ、非常にもろく、〝絵に描いた餅〟に化してしまうことが、前記の「証言」からもわかります。

図表6－3　年代別生徒数

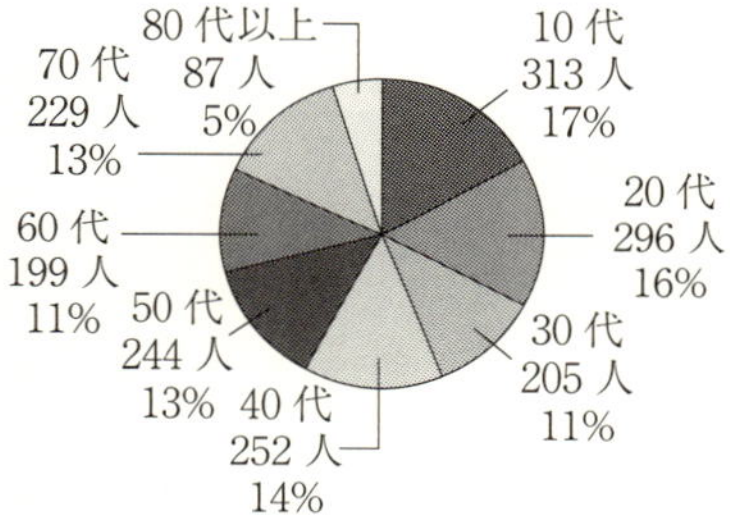

図表6－1　生徒層別人数

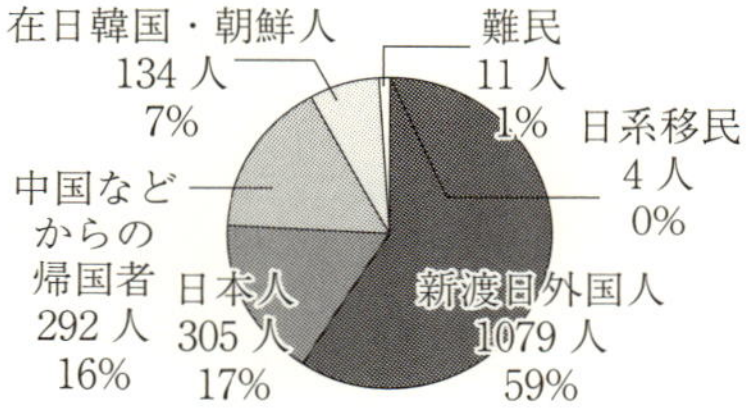

図表6－4　男女別生徒数

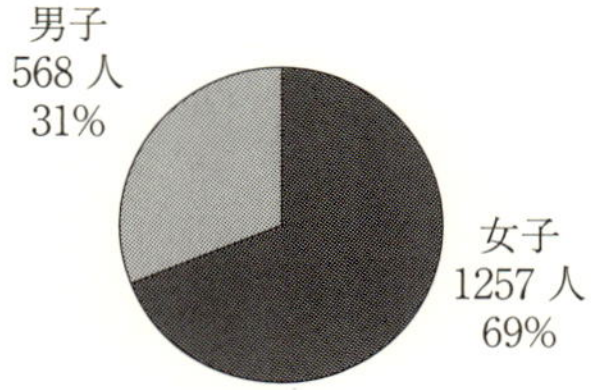

図表6－2　生徒のエリア別出身国・地域数

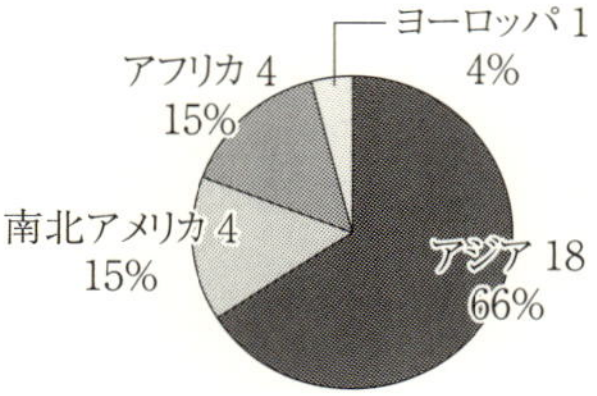

出所：『第61回全国夜間中学校研究大会・大会資料』（2015年12月）より。

2　多様化する夜間中学生

「第61回全国夜間中学校研究大会・大会資料」によると、全国の夜間中学校には、以下のような生徒が通っています（２０１５年9月調査／全31校中30校回答、生徒総数１８２５名）。

生徒層別人数を見ると、仕事や国際結婚などで戦後来日した外国人と家族などの「新渡日者」が約6割と最も多くなっていますが、日本人や中国などからの帰国者もそれぞれ1割台おり、多様な生徒が学んでいることがわかります（図表6－1）。生徒の出身国・地域を見ると、アジア、南北アメリカ、アフリカ、ヨーロッパからの生徒が入学し、多国籍化が進んでいます（図表6－2）。年代を見ると、10代から80代以上まで、若者から中高年まで幅広い年代の人々が教育機会を求めていることがわかります（図表6－3）。性別生徒数は、女子が男子の2倍以上も在籍しており、かつて学べなかった女性が今、切実に教育機会を求めていることがわかります（図表6－4）。

3　夜間中学での取り組み

❖日本語教育

私が最後に勤務した墨田区立文花中学夜間学級では、10代から70代まで60名以上の生徒が、普通学級5クラス、日本語学級5クラスで勉強していました。

普通学級には、かつて「貧しくて学校へ行けなかった」などの理由で学校へ通学できなかった中高年生徒もいます。なかには小学校の勉強が十分できなかったため、「ひらがな」や簡単な計算から学習を始める生徒もいます。

日本語学級では日本語が不十分な外国人などが日本語の授業を中心に学習し、普通学級では9教科を学習します。日本語力が十分でない生徒のため、国語の時間が多いクラスもあります。

私は、夜間中学校の日本語学級で、約36年にわたり、外国人や中国帰国者に日本語を教えてきました。自主教材も作り、文法・文字・作文・会話など、生徒の状況を踏まえ指導しました。

足立区立第四中学夜間学級に勤務していた際は、中国帰国者生徒の生活上のトラブルを少なくし日本社会定着のため、『日本での生活　Ⅰ　日常生活編』『同　Ⅱ　社会編』を作成しました。

非漢字圏の生徒のハンディキャップは大きく、進学先の高校を退学する者もいることから、始業前や夏休みなどを利用し漢字などの補習も行っています。スピーチ大会、移動教室、文化祭などもあり、生徒の日本語の発表力を高めるうえで大いに役立ちました。

❖学校行事と昼間部との交流

文花中学校では昼間部との交流も実施しました。昼の1年生との交流では、多言語でのあいさつや文化紹介も。体験発表では高齢の日本人の「学童疎開で勉強できなかった。今勉強が本当に楽しい」、中国人の若者の「半年前に来日入学。楽しく日本語を勉強している」などの体験発表を聞いた1年生から「今自分が勉強できるのは幸せなことなんだ」「半年であんなに日本語が上手になるなんて素晴らしい。自分も英語の勉強をがんばりたい」などの反響があり、発表した生徒の励みにもなっています。昼の2年生は、夜間の希望するクラスの授業に入り、交流を深めています。

文化祭では各国の文化紹介や本場の料理の紹介販売もし、好評を博しています。また、地域の関係者の協力で太鼓クラブや浴衣の着つけ・日本の踊りなど日本文化に触れる機会も作っています。

給食は、米飯中心で、生徒・先生がみんな集まり、いっしょに和気あいあいと食べています。大家族のような夜間中学の雰囲気を象徴するような光景です。東京には、8校の夜間中学校があり

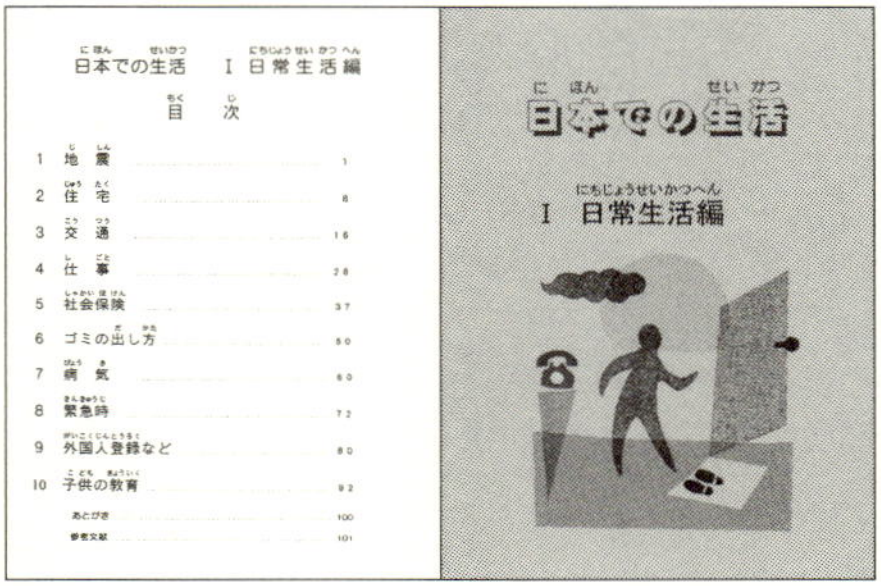

写真：『日本での生活Ｉ日常生活編』の表紙（右）と目次（左）。

ますが、すべてに7名の専任教員が配置され、また5校には東京都独自に日本語学級も設置され、それに対応した日本語専任教員も配置されています。それにより、数名から10名程の生徒によるクラス編成ときめ細かな指導が可能となっています。

❖卒業生たち

不登校・引きこもりの後、夜間中学に入学し多様な年齢・出身国の生徒と交流して自分を取り戻し大学卒業後、社会人として活躍する若者、外国から来日し夜間中学卒業後、「2020年の東京オリンピックで通訳をし、多文化共生の架け橋になりたい」と夢をもつ若者、高齢で入学後、定時制高校・大学に進学した人など、学びの場を求める人々のかけがえのない場所となっています。

4 すべての人に義務教育を！

しかし、以上のような義務教育未修了者もその実数は把握されていません。

2010年の国勢調査では、「未就学者数」（学歴ゼロ）は12万8187人でした。その上は小学校と中学校が同じブロックに入っており、夜間中学全教職員で組織する全国夜間中学校研究会（以下「全夜中研」）では「小学校」と「中学校」を別区分とするよう国に要望してきました。それが実現すれば、「小学校卒業者」と「未就学者」を合わせ、中学校未修了者つまり「義務教育未修了者」の総数が明らかになります。

そして、ようやく総務省も2020年国勢調査に向け項目を改善する方向へ動いてきました。

❖日弁連への人権救済申立と国への意見書

1954年に結成された全国夜間中学校研究会では、結成当初から、国への働きかけを行ってきました。結成後十数年にわたっては、学校教育法改正の取り組み、また1976年からは国への要望書で「各都道府県に少なくとも1校以上の夜間中学校設置」と訴えてきました。2003年には全国の自主夜間中学などの協力も得て、全国各地への公立夜間中学校開設を求め、日本弁護士連合会に人権救済申立を行いました。

その結果、日本弁護士連合会は、2006年8月10日に「学齢期に修学することのできなかった人々の教育を受ける権利の保障に関する意見書」を国に提出しました。意見書では「学齢超過か否かに関わらず、義務教育未修了者は国に教育の場を要求する権利を持つ」と認定し、国に速やかな全国調査と夜間中学開設など、実効性のある措置を求めました。

❖すべての人に義務教育を！　21世紀プラン

日弁連の意見書を受け全夜中研では2008年に「いつでも誰でもどこでも」つまり「何歳でもどの自治体に住んでいてもどの国籍でも」基礎教育としての義務教育が保障されることを目指し「すべての人に義務教育を！　21世紀プラン」を採択しました。

しかし、日本弁護士連合会の国への意見書提出後も、全国での夜間中学増設は進みませんでした。自主夜間中学が市へ「夜間中学設置を」と求めると、「それは県全体の問題。県へ行って要望してほしい」と回答され、県へ行くと「設置者は市。市へ行ってほしい」と、たらい回し状態が一向に改善されず、全夜中研では、全国への夜間中学拡充の基盤を整えるため、２００９年の第55回大会で、「法的整備」の取り組みを決定しました。

5 政府が動き始めた

❖議員立法の取り組みと「夜間中学設置促進」への国の政策転換

全国夜間中学校研究会や自主夜間中学などの働きかけにより、「夜間中学等義務教育拡充議員連盟」が結成され（２０１４年４月24日）、文部科学省も「全都道府県への１校以上の夜間中学開設」を打ち出し、全都道府県区市町村調査実施、予算の大幅増、夜間中学設置に向けた自治体への調査委嘱など、大きく状況が変わってきています。

これは、社会のセーフティーネットを広げ、１００万人とも言われる「引きこもり」の者に対応し、人口減少のなかで定住外国人に教育保障し、そして〝健全な納税者〟を創出したいという国の考えがあります。

❖文部科学省の夜間中学拡充方針

文部科学省は「少なくとも各都道府県に１校は設置できるよう、さまざまな支援を行い、設置を促進しています」と述べるなど、夜間中学政策を大転換しました。

一つは「夜間中学設置調査研究の委託事業」で2015年度は北海道、福島県、静岡県、和歌山県、徳島県、福岡県、熊本県の7道県に委託を行い、夜間中学設置道県を増やそうとしています。

また、2015年4月に「中学校夜間学級等の実態調査の結果」を発表し、「多くの夜間中学未設置道県で開設要望（ニーズ）がある。自主夜間中学などの取り組みも多くあり、そこでは不登校による形式卒業者も学ぶ」など、今までにない積極的な基本認識を示しました。

2015年7月30日には「義務教育修了者が中学校夜間学級への再入学を希望した場合の対応に関する考え方について（通知）」を全国の教育委員会に出し、中学を卒業していても不登校などで十分勉強できなかった場合は、夜間中学に入学できるとの画期的な方針転換をしました。

広報活動では「政府インターネットテレビ」（『いまからでも、まなぼう！　公立中学校の夜間学級』）「文部科学広報　2015年11月号　夜間中学特集」「内閣府広報ラジオ　なるほど‼ニッポン情報局放送　夜間中学について知ろう」「夜間学級の役割や設置場所示すリーフレット作成配布」など、従来にない積極的かつ幅広い取り組みを行っています。

6　基礎教育保障学会の設立

2016年8月21日、東京の国立国語研究所で基礎教育保障学会設立大会が開かれ、同学会が設立されました。約150名の参加のもと、前川喜平文部科学事務次官も祝辞を述べ、各界より、大きな期待が述べられました。「設立趣意書」では以下のとおり述べられています。

「基礎教育とは、人間が人間として尊厳をもって生きていくために必要な教育で、人間の生活に最低限度必要とされる基礎的な教育のことです。私たちは、すべての人々に基礎教育が保障される社会をめざします。それは、すべての子どもが義務教育をきちんと受けることができる社会を基本としつつ、就学前教育、職業教育、成人識字教育なども含めた幅広い教育を受けることができる社会です。私たちは、子ども、青年、大人といったあらゆる年齢層が、国籍・民族、社会的出身、性の多様性、障がいの有無などによって差別されることのない教育の内容と方法と制度を求めます。私たちは、基礎教育の研究を軸に、関係分野との交流をひろげ、現場と協力して実践を前に進めていきます。そうすることで、日本の教育を、そして、社会をよりいっそう豊かなものにしたいと考えています。」

おわりに――義務教育機会確保法が成立

２０１６年12月7日に「義務教育機会確保法」（義務教育の段階における普通教育に相当する教育の機会の確保等に関する法律）が成立しました。

半世紀以上にわたる長い道程に関してはすでに述べましたが、全夜中研・自主夜間中学関係者や超党派国会議員の努力とともに、21世紀に新たな社会状況が生まれ、日本社会が基礎教育の拡充を求めていたとも言えます。

この法律の夜間中学に多少なりともかかわる条項の概要は以下のとおりですが、とくに「義務教育未修了者は年齢・国籍にかかわりなく教育機会が確保される」と基本理念でうたったことは画期的だと言えます。

１条（総則）：教育基本法及び児童の権利に関する条約等の教育に関する条約の趣旨にのっとり施策の総合的推進。３条（基本理念）：夜間中学生等が豊かな学校生活を送り、安心して教育を受けられるよう、学校の環境の確保が図られるようにする。義務教育未修了者は年齢・国籍にかかわりなく教育機会が確保される。４～６条：国・地方自治体は「総合的施策策定」「財政上の措置」を行う責務がある。７条：文部科学大臣は、夜間中学を含めた基本指針の策定と、民間団体等の意見を反映させる義務がある。14条：地方公共団体は義務教育未修了者に夜間中学等、就学の機会提供の義務がある。15条及び付帯決議：各都道府県と市町村は、就学の機会の提供等のため民間団体等を含め協議会を組織する。16条：国は義務教育未修了者等の実態把握、学習活動の支援方法に関する調査研究とそれに関する情報の収集・整理・分析・提供を行わなければならない。17条：国・地方公共団体は、広報活動等を通じ教育機会確保等に関する国民理解を深めるよう必要な措置をとらなければならない。

夜間中学等を拡充し「いつでもどこでもだれでも」つまり「何歳でもどの自治体・地域に住んでいてもどの国籍でも」基礎教育を保障する時代の扉が開かれたと言えます。

第7章
地域に根ざした大学のグローバル教育
——秋田からの挑戦

椙本　歩美　*Ayumi Sugimoto*

国際教養大学基盤教育助教、博士（農学）

早稲田大学在学中、フィリピンでの植林活動に携わったことで、専攻を政治学から農学に変えて東京大学大学院に進学。20代はフィリピン農山村でのフィールドワークに熱中し、住民主体の森林保全のあり方を研究。２０１２年1月、国際教養大学に就職。秋田県の農山村でのフィールドワークを取り入れたアクティブ・ラーニングを主に担当。これまでアメリカのオレゴン州立大学との日米協働ＰＢＬや秋田学、ＰＢＬ秋田農村学など、秋田に根ざしたグローバル教育を目指して、特色ある授業づくりをしている。

はじめに――農山村の多文化空間

❖秋田の山から英語が聞こえる

「My name is……」秋田杉に囲まれた山の運動場に、英語が響き渡ります。これは、秋田県秋田市雄和《ゆうわ》にある萱ケ沢《かやがさわ》集落の運動会での光景です。英語が聞こえる理由は、参加者にあります。参加住民約80人が6チームに分かれて競技をしますが、各チームに地元の国際教養大学の学生が二人ずつ加わります。これまで参加した学生の出身地は、日本（全国各地）、アメリカ、中国、メキシコ、キプロス、ブルガリア、スウェーデン、ニュージーランドです。留学生と住民の会話は、日本人学生が通訳します。しかし言語の壁は、あまり問題ではありません。「〇〇（名前）いけー！　がんばれー！」あちこちから声援が飛びます。競技を通して、自然と名前で呼び合い、励まし合い、笑い合う学生と住民の姿がそこにはあります。

運動会では、リレーや綱引きなど馴染みのある競技だけでなく、じゃんけん腰かけ競走など住民オリジナルのものや、大学が企画する英語の競技もあります。冒頭の英語は、集落に二人いる小学生のうちの一人の声です。彼女は、大学が企画した英語の競技にどうしても参加したいけれど、恥ずかしいからと、女子大学生に手をつないでと頼み、一緒にマイクの前に立ちました。次にマイクをもった40代男性は、直前まで留学生と英語の練習をして、堂々と答えました。10代から70代まで多世代にわたる住民の英語が響きます。秋田弁と英語がまざり合う山の運動場は、世代や出身地を見ても、実に多文化な空間です。

昼からは住民宅で手料理を囲んで懇親会。留学生の出身地でさかんな酪農について、熱心に質問する住民や、「将来は地元で働いて集落を支えたい」と学生に夢を語る地元中学生など、会話がもりあがります。別れ際、「今度は泊りにおいで」「次はバレーボール大会ね」と、いくつも約束が結ばれます。初めて家のなかでもてなしを受けた留学生は、「こういう日本に触れたくて日本に来た」と喜び、日本人学生も、普段、住民と接する機会がないため、運動会で地域社会とのつながりを感じたと言います。運動会は一つの日本文化で、地域行事ならではの密な交流を深めることができます。

❖人口減少・高齢化の最前線、秋田

２０１６年で40回を数える萱ケ沢地区運動会は、もともと田植えの終了を祝う、さなぶり行事として始まりました。「次は60代の競技です」というアナウンスで、多くの住民が出てくるように、地域を引っ張る世代は60代です。秋田県は、人口減少率（1・32%、２０１６年1年間）と高齢比率（34・7%、２０１６年10月1日）が、日本で最も高い地域です（秋田県調査統計課算出）。なかでも農山村はそれが顕著に表れます。萱ケ沢の人口１８１人のうち、65歳以上は50%です（２０１６年11月）。大学生の世代にあたる20～30代の多くが、進学や就職を機に萱ケ沢を離れ、秋田市中心部や県外で暮らしています。今日、集落の運動会は、都市部に移住した若い世代が、子どもを連れて来るなど、住民の貴重な交流の場になっています。まわりの集落で運動会が消えていくなか、萱ケ沢でも参加者の高齢化や減少は避けられません。そこで大学との連携授業をきっかけに、２０１５年から大学生も運動会に参加しています。大学生と住民の交流は授業の枠を超え、地域行事の参加や集落の野菜を大学で販売するなど、広がりを見せています。

本章では、秋田県にある国際教養大学を事例に、地方の大学と地域の連携による多文化共創の試みを紹介します。その多くは、教員として働く私自身の経験です。授業を契機とする大学と地域の連携は、どのような多文化接触を生み出し、学び合いにつながるのでしょうか。縮小社会の最前線、秋田だからこそ生まれる新たな協働が、多文化共創社会につながる可能性について考えてみましょう。

1　国際教養大学の多文化共生キャンパスライフ

❖世界中から秋田に集まる学生と教員

国際教養大学の授業は、日本語プログラムや教職課程を除いて、すべて英語で行われています。大学では、さまざまな国・地域の人々が学び、暮らし、働いています。提携大学は、46か国・地域175大学にのぼります。2016年4月現在、全学生数884人のうち、交換留学生は33か国・地域から168人を数えます。学生の5人に1人が留学生で、キャンパスにいるだけで世界中の人と出会えます（図表7－1）。国際教養大学では、1年間の留学が卒業要件になっています。同じ時期に、本学学生178人が37か国・地域に留学しており、それを可能にしているのが交換留学制度なのです。授業で留学生が議論を喚起してくれることも多く、大学にとって留学生は欠かせない存在です。4月と9月に行われる入学式では、交換留学生を含む新入生全員が一人ずつ名前を呼ばれ、好きな言語で返答します。世界中の言語で、「はい」や「こんにちは」を聞くことができ、時折、会場は笑いに包まれます。多文化共生キャンパスづくりは、入学式から始まるのです。

図表７－１　国際教養大学の留学生数（受け入れ）の推移

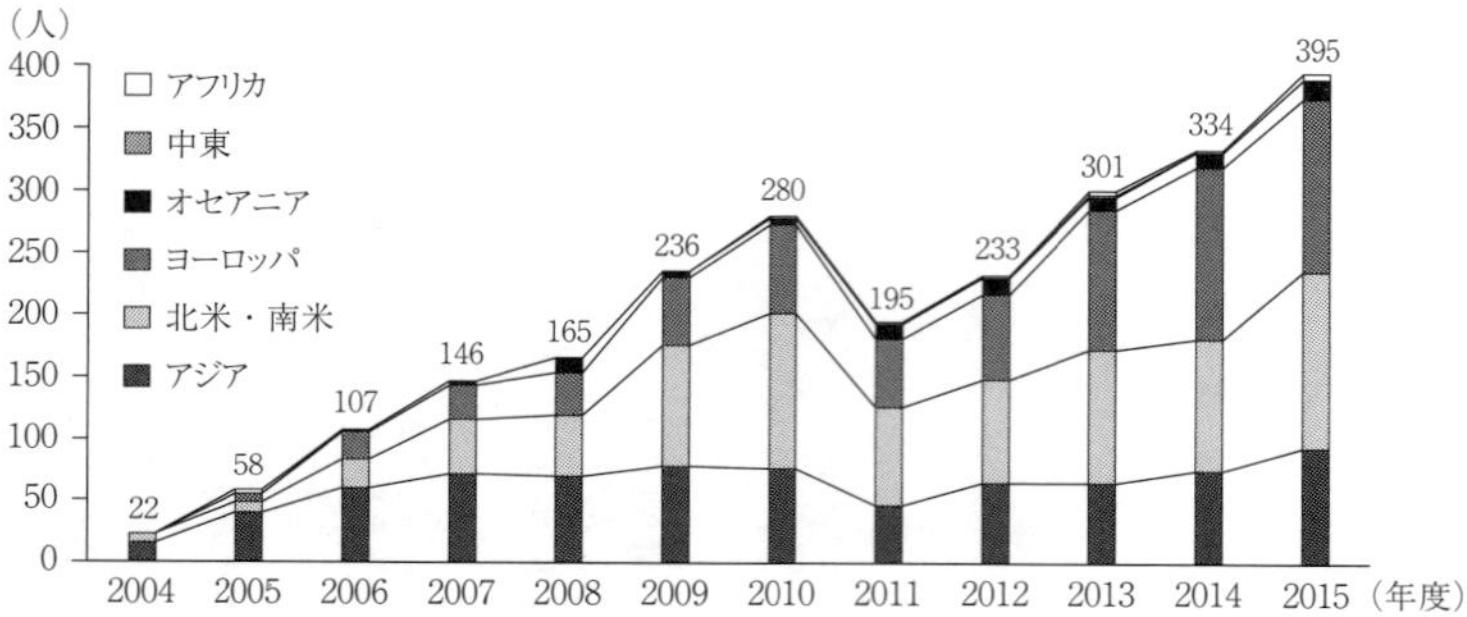

注：各年度の合計数は、春学期と秋学期の受け入れ留学生数を合算したもの。
出所：筆者作成。

教員もさまざまな国・地域から来ています。専任教員の外国人比率は54％で、日本を含めて18か国・地域にのぼります。日本人の教員も、海外で学位を取得し、長く海外生活を送ってきた人が多くいます。２０１２年1月、大雪のなか東京から赴任した私にとって、国際教養大学は当初、まったく異文化な環境でした。大学院生だった20代、私はフィリピンの農山村でホームステイをしながら調査していましたが、大学留学の経験はありません。正直、英語も得意ではありません。英語で授業するだけでも大変なのに、会議や書類作成も含めて英語での業務は、最初、何が起きているのか理解するだけで必死でした。使用言語は人間関係や組織文化にも影響するように思います。私が所属する課程の長は、ポーランド人です。互いにファースト・ネームで呼び合い、他の教員も含めて何でも言える雰囲気があります。私だけでなく、英語を母語としない外国人教員も多いため、会話では相手の言いたいことを理解しようとする姿勢が生まれます。戸惑うこともありますが、開放的で個性的な学生や教職員との出会いは、私の視野を広げてくれます。互いに尊重し合う大切さや、自分次第で何でも挑戦できる環境だと気づくにつれ、私にとって異文化だった大学は、エネルギー溢れる多文化な空間へ変わっていきました。

❖地域とつながる多文化共生キャンパスライフ

学生には、家に帰っても多文化な生活が待っています。90％以上の学生が、キャンパス内の寮または宿舎に居住しているため、日本人学生と留学生がルーム・シェアすることもあります。さらに国際教養大学の多文化共生は、キャンパス内で完結するものではありません。秋田にあることに大きな価値があると実感しています。学生や教員にとって、日常生活や交流活動を通して、秋田の人や暮らしにふれることも、多文化共生力を養うことにつながります。

大学にはほぼ毎日、視察や交流を目的に、団体客がいらっしゃいます。園児が英語で挨拶する声が聞こえる日もあれば、全国の行政関係者が授業見学する日もあります。また依頼を受けて学生を派遣するなど地域交流も盛んです。依頼者は、市や町から、幼稚園や小中高校、自治会までさまざまです。内容も、地域行事だけでなく、英語教育、異文化交流、農業体験など多岐にわたります。学生の派遣は、２０１０年度から5年間の年間平均で、延べ学生数１４１７人、延べ日数２６１日にのぼります。これは全学生数を超える人数で、１年のうち休日を除く毎日、学生と地域が交流している計算になります。その９割以上を留学生が占めています。秋田県の至るところで、多文化交流の輪が生まれています。

図表7－2　PBL 秋田農村学のテーマと学生

年／学期	学習テーマ	学生内訳（人数）
2013／春	環境保全、地域産業	日本（5）、アメリカ（1）
2013／秋	農業、神社、小学校	日本（6）、アメリカ（5）
2014／春	神社祭典	日本（4）、フランス（2）、台湾（2）、イギリス（1）、アメリカ（1）
2014／秋	マコモダケ六次産業化	日本（9）、ブルネイ（2）、アメリカ（1）
2015／冬	除雪	日本（9）、ラトビア（1）
2016／春	運動会	日本（7）、アメリカ（1）、中国（1）、ニュージーランド（1）、スウェーデン（1）
2016／秋	番楽《ばんがく》（民俗芸能）	日本（6）、タイ（3）、アメリカ（1）、韓国（1）
合計		12か国、71人

出所：筆者作成。

2　地域に根ざしたグローバル教育を創る

❖秋田は教材の宝庫！

学生の学びのニーズは多様ですが、フィールドワークをする授業への関心は高いと感じています。そして秋田は、高等教育の教材の宝庫だと思います。これまで私の授業では、農業を体験して食と農のあり方を考える、地域行事に参加してコミュニティの成り立ちや文化の継承を考える、戦争体験を聞いて平和を考えることなどを扱ってきました。これらは地球上どこでも見られる人間の普遍的な営みで、世界共通の価値観や課題を含んでいます。さらに語り手の人生にふれることで、課題への理解を深めることを大切にしてきました。ライフストーリーを聞くことで、異なる背景をもつ日本人学生、留学生、住民は、同じ一人の人間として向き合うことができます。秋田の地域や人を学ぶことが、世界規模の課題を再認識することにつながるのです。

先に紹介した２０１６年の萱ケ沢地区運動会への学生参加は、私が担当する秋田農村学の一環でした。この授業は、プロジェクト型学習（Project-based Learning　以下ＰＢＬ）という、学生主体の調べ学習です。秋田の地域行事に参加しながら、住民にインタビューを行い、地域の現状や課題を学びます。地域調査は、秋田市の新波《あらわ》集落で始まり、２０１４年秋学期から隣接する萱ケ沢集落で行っています。

このＰＢＬ授業では、調査課題やインタビュー項目など、具体的な学習課題や調査方法を学生が自ら考え、能動的で探究的な学習を目指しています。特徴的なのは、日本人学生と留学生がチームを組んで学習する点で、これまでの履修生の３分の１が留学生です（図表７－２）。フィールドワークでは日本人学生が留学生と住民の通訳をして、留学生はディスカッションで新たな視点を提示するなど、学生それぞれの強みを生かした多文化ＰＢＬと言えます。

❖多文化が深い学びを導く

多文化ＰＢＬをするにあたり、教員として心がけていることは、学生が自分自身や他者と向き合い、とことん疑問を追究できる環境を整えることです。文献学習と現地調査を繰り返すことで、学生が地域の理解を深められるよう、スケジュールを組んでいます（図表７－３）。学生がＰＢＬのイメージをもてるように、最初にこれまでの学生のレポートを読みます。その後、地域住民が刊行した郷土史を読んだうえで、フィールドワークに臨みます。学生は、他者が描く地域社会と、実際に自分が見て聞いて感じた地域の姿を比べながら、自らの疑問や好奇心を明確化していきます。

最も大切なのは、学生同士の学び合いをいかに高めるかです。カギになるのが、多言語での学習です。本授業を履修する留学生の多くは日本語があまりできません。そこで授業の最初にジグソー法を取り入れています。日本人学生は郷土史や地域調査報告書など日本語の文献を読み、留学生は英語で

図表7－3　授業スケジュール例

回	内容
第1～3回	準備学習 ・過去の学生レポートを読み、集落のプロブレムマップを作る ・日本人学生は郷土史、留学生は日本史を読み、集落の年表を作る ・プロブレムマップと年表から、調査項目を考える
第4～5回	フィールドワーク1 ・集落散策をして地域の宝（地域資源）を写真撮影・記録する ・住民による地域講座、質疑応答、秋田弁講座 ・大学で写真を使ったトレジャーマップづくり→プロブレムマップ再考
第6～10回	文献学習 ・日本の共同体や家族の基礎概念、テーマに関する事例研究を学ぶ ・学生が文献の内容を発表して論点を提起、ディスカッション
第11～12回	フィールドワーク2 ・地域行事の参加、インタビュー調査、参与観察 ・中間報告会 ・グループごとにデータ分析
第13～14回	成果発表会 ・住民の前で学習成果をグループ発表 ・ふりかえり、まとめ
第15回	最終レポート提出

出所：筆者作成。

書かれた日本の歴史や文化の文献を読みます。学生は各分野のエキスパートになり、他学生に説明して、各自の知識を合わせた英語の資料集を作ります。フィールドワークでは、教員や日本人学生が通訳をするため、コミュニケーションには倍以上の時間や労力を要します。教員や学生はすべてをスムーズに訳せるわけではありません。留学生や住民は通訳を待たなければならず、互いに相手の意図を汲み取ろうと奮闘します。非効率にも思えますが、他者への想像力や寛容性が生まれるため、とても大切な学習機会になるのです。

学生がとくに考えを深める学習プロセスが二つあります。自身のフィールドノートをまとめるとき

写真右：教室でのグループディスカッション（台湾、フランス、アメリカ、日本の学生）。2014年７月、国際教養大学、筆者撮影。
写真左：フィールドワークでのマコモダケ販売（日本、アメリカ、ブルネイの学生）。2014年10月、秋田市公設地方卸売市場、筆者撮影。

と、そこからの気づきを他学生に伝えるときです。同じ現場にいても、記録することや感じることは各自異なります。互いの経験を共有するなかで、自己の学びを形成していくのです。２０１３年、初めての授業で、日本の人口減少について議論していたとき、アメリカの留学生が「人口減少は本当に問題なのか」と問いました。人口が増えすぎて、森林破壊が起きている国もある。人口が減ることは、環境負荷を軽減するなどいい面もあるのではないか、というのが彼の主張でした。日本人学生は考え込み、誰にとって、何のために、問題なのかを議論するようになりました。人口減少のメリットという点は、一般的な見方を批判的にみる姿勢とも言えます。

　スウェーデンの留学生は、なぜ日本では地域の絆が論点になるのか疑問をもちました。彼が生まれた農村は、家々の距離が遠いため、住民間の日常的なやりとりは少ないそうです。近所づきあいがあまりなくても、生活できている。なぜ地域の絆の弱体化は問題なのか。中国の留学生は、実家の集合住宅でも近所づきあいはなく、素性の知らない人と交流したくない、近所づきあいがなくても、生活には困らないと賛同しました。都市出身の日本人学生も共感しましたが、ある日本人学生が、災害時は隣人同士の助け合いが必要で、そのためにも日常的な関係づくりが重要だと反論すると、学生たちは考え込みました。国や地域や時代によって、コミュニティはどのように変化するのか、普遍性はあるのか、という議論を、学生たちは一学期を通して行いました。多文化だからこそ、他国と比較して秋田の農山村を捉えようとする姿勢が自然に生まれます。

学生は、自分と異なる他者の意見に接することで、自身の考えを明確化していきます。日本人学生から多く聞かれる授業後の感想は、「留学生の意見に接して、今まで見過ごしていた身近なものへの関心が高まった。当たり前を見直して、考えるきっかけを得た」というものです。また、「これまで一人で作業するほうが好きだったけど、自分を過信していた。みんながいなければ発表できなかった。協力する大切さを学んだ」と振り返る学生もいます。グループ学習は、すんなり進むわけではありません。背景が違う人が集まれば、それだけ意見も広がり、議論が迷走したり、沈黙が続いたり、衝突することもあります。しかしフィールドワークでの共通経験、とくに地域で出会った人とのエピソードを媒介として、学生はグループ学習を続けることができます。異なる視点から学ぶことは、批判的・多面的な思考への一歩になるのです。

❖「迷惑かけないと交流はできないよ」

大学と地域の連携は、一日にして成るものではありません。萱ケ沢地区運動会に初めて学生が参加した際、自治会副会長は開会挨拶で、「どうか萱ケ沢住民の一員として、隔たりのない交流をお願いします」と言いました。準備だけでも大変なところ、見知らぬ若者の受け入れに、不安を抱く住民もいるだろうと、役員は交流目的を記した文書を、事前に全戸配布しました。私も運動会実行委員会の会合に出て、事前に説明をし、了承を得ました。集落には集落のやり方があります。大学との連携には地域力が試されます。また大学にも地域の論理を汲み取る力が必要になります。

心配性な性格も災いして、私は当初、なるべく地域の負担にならないように、ということばかり考えていました。しかしある住民が、「迷惑かけないと交流はできないよ」と笑って教えてくれました。かつて日本各地にあった、お互いさまの精神が、秋田の農山村には今もあるのだと思います。多少の迷惑は織り込みずみで、互いに助け合い、できる形で恩を返していく。お互いさまを成り立たせるための関係づくりは、何より大事です。

多文化ＰＢＬには地域の主体性が必須です。授業を始めるための打ち合わせで、ある住民が「萱ケ沢力を高めるものにしたい。学生だけでなく、萱ケ沢の若い人に地域を知ってほしい。そんな機会にしたい」と熱く語ってくれました。大学との連携について、住民側も目的意識をもっていたことが、授業外の発展につながっています。授業での野菜販売を契機に、住民、学生、私が一緒に「こらぼ・らぼ」というＮＧＯを設立しました。毎月、住民たちの露地野菜を大学などで販売しています。「今まで何となく野菜を作っていたけど、次は何を植えようかなと前向きな気持ちが生まれた。これは大きい変化です」と、住民の女性代表者は言います。「将来、集落に直売所やレストランを作りたい」と夢を語る女性も出てきました。多文化ＰＢＬは、迷惑をかけ合うこともありますが、ともに助け合い、挑戦することで、地域づくりに向けた未来の種を播くことができると感じています。

❖大学はコミュニティづくり

赴任当初、大学がある秋田市雄和の方と話していると、よく本学は「ミネソタ」と呼ばれました。

2004年に開学した国際教養大学は、1990年から2003年にあったミネソタ州立大学機構秋田校の施設を利用しています。当時、日米貿易摩擦の是正を背景に、日本各地にアメリカの大学の分校が設置され、秋田でも自治体が誘致しました。合併前の雄和町職員が大学の事務局で働いたり、地域と大学の交流も非常に盛んだったそうです。当時の雄和町長（萱ケ沢在住）は、「大学をつくると、そこに一つの集落ができるというのが、アメリカの一つの考えらしいです。そう私は、教えられてきたものですから」と誘致にかけた思いを話してくれました。大学をつくることはコミュニティをつくることであるという思いを、私もしっかり引きついでいきたいと思っています。

国際教養大学が10年経ってもミネソタと呼ばれたことは、私にとって衝撃でしたが、地域住民にとって、ミネソタも教養大も一つの地域の歴史の上にあるのだと気づきました。萱ケ沢集落は、ミネソタ州立大学機構秋田校との交流が盛んで、1994年にはアメリカで住民が萱ケ沢番楽を披露しました。番楽継承が危うくなっていた当時、番楽を介して地域と大学が交流し、渡米に向けて県の予算で衣装や道具を新調することができ、保存会も元気を取り戻したと聞きます。22年後、私の授業でも学生が番楽を学び、地域の文化祭で披露しました。ミネソタ時代の経験があるからこそ、今日の多文化PBLの実現や授業外の交流へと発展しています。授業の成果発表会に参加した住民は「田舎には何もないと思っていたが、都会にない無限の価値があると教わった」と言いました。また、ある住民は「大学が寺のような（住民をつなぐ）存在になるのかもしれない」と言いました。地域と大学は、時間をかけて互いに学び合うことで、一つのコミュニティとして発展していくのです。

おわりに——秋田が世界とつながるとき

本章を書き始めたころ、ウガンダでの国際学会で、秋田の農村起業の研究発表をしました。台湾の研究者と、農山村の現状が似ていると話していると、ウガンダの研究者が言いました。「ウガンダも同じ。農村の人口減や高齢化は、日本や台湾だけの問題ではない。農業や農村の見方、価値観の転換が必要だ。日本や台湾で、農村の価値を売りにした産業が成立するなら、ウガンダでも可能性があるかもしれない」。彼の言葉で、秋田と世界のつながりに改めて気づくことができました。

縮小社会の最前線にある秋田では、住民だけで地域を維持することが難しくなっています。大学と地域の連携や交流は、一時的なもので終わることも多いですが、そこで得られた個人の多文化な経験は、各自の視野を広げ、新たな地域づくりの可能性になりえます。縮小社会ゆえの多文化な連携は、やりがいや楽しみなど、暮らしの質を高めるだけでなく、社会の変化に適応する地域の力を高めることにもつながるのではないでしょうか。大学も地域も、自らの領域でとどまることなく、いかに外に開き、つながることができるか、その力量がますます問われているのです。

今日、グローバル化に対応できる人材育成が求められ、日本人学生の留学も推奨されていますが、日本でも多様な社会文化背景をもつ人々とともに学び合うことはできます。地域に根ざしたグローバル教育は、日本の高等教育の強みを高め、さらに日本の地域社会の強みを高めるものです。これからも秋田と世界をつなぐグローバル教育を通して、世代や国・地域を超えて、ともに成長し、挑戦できるような社会づくりに、少しでも貢献していきたいと思っています。

第8章 庇護申請中の子どもたちと学び合う
――多様性を認め合う学校

土田 千愛 *Chiaki Tsuchida*

品川女子学院教諭、東京大学大学院総合文化研究科博士課程

専門は難民研究。庇護申請者を対象とした調査を重ね、彼らの視点を踏まえた日本の難民制度のあり方を研究している。在日クルド人に焦点をあて、埼玉県川口市・蕨市を中心に、トルコのクルディスタン地域、庇護申請者の第三国定住先のニュージーランドでも調査を行う。庇護申請者の子どもたちへの学習指導や聞き取り調査から彼らを取り巻く教育環境の実態を捉え、グローバル教育のあり方を探っている。

第2回若手難民研究者奨励賞受賞。国連大学主催アフリカにおけるグローバル人材育成プログラム2014年度採用でケニアへ派遣。国連難民高等弁務官事務所でのインターンシップなどを経験。

はじめに

「難民なのに、プーマのジャージをもっているの？　あれは高かったでしょう？」

アイラ（仮名）はある日、こんなことを言われたと憤《いきどお》りながら私に愚痴《ぐち》をこぼしました。難民のことに興味があるとお家に招き入れた大人に言われたそうです。

「難民だったら、全部安い物をもたないといけないと言うの？　そんなの嫌だよ。」

彼女のこの問いかけに対し、皆さんだったらどう答えるでしょうか。このエピソードを話したとき、私の友達は、

「私は難民が高い物をもっていて裕福そうな暮らしをしていたら、支援なんてしたくないな。」

と言っていました。そうした考えが正しいとも間違っているとも私には言えません。ただ、率直にそう思う人がいるというのは事実です。「難民」という言葉からボロボロの服を着て飢えにあえぐ「経済的に貧しい人々」を連想し、私たちは知らず知らずのうちに固定観念を作り、偏見で物事を見てしまっているのかもしれません。また、この一連の出来事は庇護《ひご》申請者が日常生活のなかでそうした偏見を経験していることを象徴するものでもありました。

1 庇護申請者とは

さて、人は誰もが、自分の国で人種、宗教、性別あるいは政治的な意見を言ったり、特定の社会的集団に所属していたりすることで迫害を受けるおそれがある場合、国連の難民条約に加盟している国へ逃れることができます。そこでは、難民として認めてもらうためのいくつかの手続きをします。日本でも独自の難民認定手続きを通じて難民を受け入れており、難民として認定されるとさまざまな社会保障の恩恵を享受することができます。

しかし、あらゆるルートをたどって命からがら逃れてきた人々がどのような迫害を受けるおそれを経験したかを明らかにすることは非常に難しい作業で、多くの場合、長い時間を必要とし、容易に認定されるものではありません。制度はどんどん改善されていますが、一度難民認定が却下されたとしても再度申請することができるため、長い人では庇護申請を繰り返し、20年近く庇護申請者として不安定な生活を送っている人もいます。そのなかには当然、子どもたちもいます。幼いころに家族とともに日本へやって来た子も、日本で生まれた子もいます。アイラのような子どもたちはどんな生活環境で、どんなことを経験し、どんな思いを抱えているのでしょうか。

2 庇護申請中の子どもたちの生活実態

❖ケース1　アイラ（仮名・女性）の場合

私はアイラが高校1年生のときに出会いました。５歳のときに先に来日していた父親を追うように、数年を経て母方の親戚夫婦とともに来日しました。家族は父親と母親に妹、弟の５人です。父親が日本へ来てから庇護申請を行っていたことから他の家族も同様に庇護申請を行うことになります。また、アイラは来日した当時、日本語が理解できないという理由で小学校の入学を1年遅らせました。アイラ自身は早く学校に行きたいという思いで、日本人が集まるスーパーや公園に赴き、必死に聞き取って習得しようとしたそうです。

アイラの家族は難民としてなかなか認められず、申請を却下されては異議を唱え、さらに裁判での解決を求め、何度も申請を繰り返しています。父親は解体業で賃金を稼ぎ、家族を養っています。母親は同じ民族の他の女性がそうであるように専業主婦で、日常的に日本人と交流することがありません。そのため、アイラは家で家族と会話をするときは母国語で会話をします。

学校での学習については、

「小学生のときは勉強ができたけれど、中学生からどんどん内容についていけなくなった。」

と言いました。その原因が日本語にあると言います。中学生のときにはいじめも経験しています。男の子のように気丈で芯の強いアイラは他の女の子たちとは馴染めなくなり、他の子とは違う見た目や言葉に着目した嫌みを言われるようになり、孤立していきました。

アイラは夜間高校に進学しましたが、勉強についていくことが難しくなり、高校1年生で留年する可能性が高まったため、すぐに中退してしまいました。その後は、それまで仲が良かった日本人の友達とも疎遠になり、不良化した同じ民族の友達と交流することもありました。

❖ケース2　ギョズデ（仮名・女性）の場合

ギョズデはアイラの妹です。当時中学3年生だったおっとりしている性格のギョズデは、なかなか日本語を習得するのが難しく、友達を作ることに苦労したようです。

「私はゆっくりじゃないと日本語があまりわからないから。何を話しているのかわかってあげないと友達はみんな離れていくでしょ。」

そう寂しそうに話していました。そうして中学校に進学するといじめを理由に不登校気味になり、学校へ行っても教室には入らず保健室へ通うことが多かったようです。さらに、

「何か悪いことをしたわけじゃないけれど、私が外国人だから先生にも嫌われていて、ひどい言葉を言われたよ。」

そう言って泣きじゃくりながら帰って来たこともあったそうです。ギョズデは中学校を卒業せずに途中で学校を辞めてしまいました。その後はもっぱら同じ民族の友達とだけ交流しているようです。

❖ケース3　ユーミット（仮名・男性）の場合

ユーミットはアイラの弟です。２０１１年当時、ユーミットは小学生でした。もともと彼だけは他の家族の来日後、日本で生まれています。生まれてすぐ赤ちゃんのときからほかの家族同様に庇護申請を行っています。庇護申請者のなかにも資格や制限がさまざまあり、ユーミットの場合は移動できる範囲に制限がありました。そのため、修学旅行などで県外に出るときは入国管理局の許可をもらわないと参加できないのです。そうした自分の置かれた状況には成長するにつれて気づき始めます。

日本生まれ日本育ちのユーミットは小学校低学年のころは成績も良く、友達にも恵まれていました。

作文ではしっかりした文章を書き、数は正確に数えられました。放課後は日本人の友達とも一緒に遊んでいました。しかし、小学校中学年のころから学校の学習についていくのが大変になっていきます。それと同時に放課後、一緒にサッカーをして楽しんでいた日本人の友達もどんどん彼から離れていったように思います。いつも一緒にいるのは同じ民族の同世代の男の子たちという傾向が強くなりました。放課後はよく家にいて、母親のスマートフォンを使って一人でゲームをすることが多くなりました。家のパソコンで見るのは、親の母国語でアップロードされたYouTubeの動画で、日本で流行っているアニメや漫画との接点は基本的にありません。そうした状況から彼が文化的にも孤立していく様子がわかりました。

❖ケース４　セウダ（仮名・女性）の場合

セウダは２０１６年に、大学生になりました。小学６年生のときに家族とともに来日して以来、庇護申請を行っています。両親に年子の妹と小学生の弟、自国にいる兄の６人家族です。アイラの家族のように申請を却下されては訴訟を起こし、申し出を棄却されては申請を繰り返しています。

「中学生のときは日本語がさっぱりわからなかったから勉強は嫌だったけれど、高校生になってこのままではいけないと思って勉強を頑張るようになった。」

とセウダは言いました。セウダもアイラのように同じ民族のなかでは日本語ができる子として老若《ろうにゃく》男女《なんにょ》問わず頼りにされていて、親戚や近所の大人たちは学校や保育園で配布された子どものプリントの通訳や代筆をよくセウダにお願いしているようです。

「あの人たちは、いつも頼ってきて自分で何とかしようとしないから、こっちが大変。」

と愚痴をこぼすこともありました。

私はセウダが高校2年生のときに出会いました。どうしても推薦で大学に進学したいという強い思いを聞いて、都合がつけば家庭教師のように勉強を教えました。セウダは勉強熱心でファミリーレストランでドリンクバーを注文すると、古典、数学、英語と、長時間にわたり質問をする日もありました。また直接会えないときは、たとえ夜中でも疑問をもった問題を携帯電話で写真を撮って送ってもらい、私が解説をして一緒に勉強することもありました。

高校へ入学した当初、100番台だったという成績は本人の努力もあり、学年3位など上位を維持するまでになりました。なるべく家族に負担をかけないように、自宅から通える範囲にどんな大学があるのかという進路相談をすることもありました。そして、見事大学に合格しますが、合格後、入学手続きの際にも困難に直面し、何度も電話で悩みを話してくれました。

「学校（高校）の先生に話しても自分の立場をなかなか理解してもらえないし、私もかわいそうな子だとは思われたくない。」

いつもそう話していました。

「友達のことも先生のことも嫌いではないけれど、私が難民だと言ったら、みんながびっくりするでしょ。」

そんなふうに考えていたようです。

3 多様性を尊重する企画づくり

以上、紹介してきた4名のケースから明らかなように、庇護申請中の子どもたちは非常に特殊な環境に置かれています。外国人で庇護申請者であることは、彼女たちのなかである種のコンプレックスになっていきます。なかには、それを理由にいじめの対象ともなってしまい、どんどん学校のなかに居場所を求めることができなくなってしまう子もいます。これらを踏まえて、私は、庇護申請者の子どもたちをとくに苦しめているものは、他者からの「偏見」であって彼女たちが否応なく感じてしまっている日本人の子どもたちとの「差異《さい》」であると考えます。

彼女たちは私を信頼してたくさんのことを打ち明け、相談してくれました。そんなふうにもっと彼女たちの違いを受け入れて、気軽に話せる人が身近にいればどんなに楽だったかと思います。そこで、学校の役割を考えます。学校は、子どもたちにとって家庭に次いで身近で、一日の大半を過ごす場所です。こうした特殊な状況があることにまず教員が理解を示すことができれば、先述のような庇護申請中の子どもたちにとっても大きな心のよりどころとなり、状況を打破することも可能だと思います。教員にはまた、他の子どもたちに対して庇護申請者や難民という立場を含め、お互いの「差異」を認め合う教育の機会を設けることを求めたいと思います。そこで、以下ではいくつかの実践例を紹介します。

❖修学旅行先での共通経験

２０１６年年、私が担任を務める高校1年生の学級では生徒主体で、先入観で物事を捉えないための取り組みをしました。生徒たちは高校1年生になる前の春に、修学旅行先のニュージーランドで3週間のホームステイと協定校での留学を経験しました。ホームステイは二人一組で各ホストファミリーのもとへ滞在しました。学級で

「ホストファミリーはみんな白人でしたか?」

と尋ねてみると、

「うちは、中国系だった。」

「インド人だったから毎日カレーだった。」

「白人のつもりで行ったのに会ってみたらアジア系でびっくりした!」

「私のところは、ヨーロッパ系だったよ。」

といった返答が出ました。いざ、共有してみると、さまざまな回答が得られて全体でも驚きの声が上がりました。

「いろんな国の人たちがいたようだけれど、その人たちはどんな生活をしていたかな? 生きにくさを感じている様子はありましたか?」

今度はこのように尋ねてみます。すると、

「そういうのは全然なかった!」

「なんか、お互いを受け入れ合っている気がした。」

と口を揃えて答えたのです。彼女たちは実体験を共有することで、ニュージーランドは多民族が共生

している国だと実感しました。

❖身近なところにある偏見

さらに日本はどうかと考え始めました。身近なところで、まず自分自身のことを考えます。お互いに経験談や意見を交換し合い、周りに合わせて自分らしさを出せず、誰かに指摘されて自分のなかでコンプレックスになっていることをそれぞれ付箋紙に書いて教室の壁に貼ってみることにしました。

「入っている部活で他の部活の人から怖いと思われたことがある。」

「私はハーフだから顔を見ただけで英語がペラペラだと思われることが多いんだよね。」

とそれぞれ個人の立場でどんどん経験や悩みが出されていきます。

次に出されたものを見て、今度は学校全体ではどうだろうかという意見が出ました。①見た目で判断されたことはあるか、②見た目で判断したことはあるか、③本当の自分を出せないと感じたことはあるか、と三つの観点において匿名で回答できるアンケートを作成し、中学生から高校２年生まで約１０００人に対し調査を実施しました。すると、①と②では９割以上が「はい」と回答し、③には約８割以上が「はい」と答えていることがわかり、数値の高さに問題意識を強めました。

また「見た目で判断される」ことを考える過程で、少数派として分類化されてしまっている人々の存在もあげられました。国際的な社会問題になっている障がいや人種、国籍、宗教、性別による差別についても自分たちのテーマに関連させて追究していきました。ちょうどムスリムに対する偏見が国際問題として高まっている時期でした。私の大学院のマレーシア出身の後輩でムスリム女性としてファッションを手がけている友人がいることを学級で紹介し、総合的な学習の時間に講演をしてもらいました。ほとんどの生徒が初めて出会うムスリム女性です。テレビや街中で見かけることからムスリム女性に対するマイナスの固定観念ができあがってしまっていたところに、カラフルなスカーフを身にまとい、水色のハイヒールを履いて、お化粧も綺麗にしている20代の女性を目の前に、これまでの固定観念がどんどん崩れていく様子が見られました。実際にムスリム女性の衣服を着てみたいと何人もの生徒がお願いに行ったり、直接話したりする場面もありました。

「実際に会ってみると全然怖くなかった。イメージが変わった。」

「イスラム教徒と聞くとテロのイメージがあったけど、おしゃれな人だと思った。」

そんなふうに生き生きといろいろな明るい感想が出ました。

それからはアメリカのドラマをきっかけに性的マイノリティに興味をもった子たちがYouTubeで見つけた動画をみんなの前で紹介し、アメリカ大使館など外部主催のレズビアン・ゲイ・バイセクシュアル・トランスジェンダーといった性的マイノリティに関するイベントや、JICAからゲストを招いて開催した希望制の特別講座、障がい者の団体との交流などに参加する生徒も増え、考えたことや学んだことを自らみんなの前で報告してくれるようになっていきました。なかには、親御さんと関連するテーマについて話し合い、考えたことを発表してくれる子も出てきました。また、性的マイノリティの当事者の方や障がい者支援団体の方、関連する分野で活躍する卒業生と連絡をとって講演を依頼することもありました。さらに、国際社会での日本の位置づけを客観的に見るために、世界の幸福度を調べ、なかでも主観的幸福度の順位がOECD諸国のなかでも低いことを知り、

「日本は国際化は進んでいるけれど、多様性の尊重までは至っていない。」

と考える子も出てきたのです。それが生きづらい社会を作ってしまっていると主張しました。問題へ

の理解が深まっていくと、自分たちと同じ10代の認識を変えたいという声が高くなっていきました。常識になってしまっている先入観による偏見を取り払って「常識を変えたい」という思いが強くなっていきました。

「新聞社に自分たちの取り組みを紹介してもらって、読者にこの考えを広めたい。」と一人の子が提案します。それからは教育関係や地域にテーマを絞り、新聞社にも取材のお願いにあたりました。

❖多様性の尊重を訴えたお店

さらに多様性を尊重する必要性を広め、きっかけとなる場を提供するために食品の販売を検討します。彼女たちが考えたのは見た目と中身が違う大福アイスです。企業に協力を仰ぎ、たとえば、青色の大福アイスをチョコミント味だと思って食べてみると、中に入っているアイスクリームはストロベリー味であるといったように外側の餅と中のアイスの色が異なる商品の開発をお願いしました。見た目と中身は違うけれど美味しいという経験を文化祭で提供することで、先入観で判断せず、その人自身の個性を尊重することの大切さを訴えようという考えに至ったのです。また、米粉でできている餅がアイスを包みこむように、日本のものが異文化のものを包みこんで、アイスが溶けるように打ち解け合ってほしいという願いも込められていました。当日はただアイスを販売するだけでなく、お客様との対話を通じて問題意識を高め、この考えを訴え、さらに展示物やスピーチ発表、インタビュー動画の上映をして、工夫を凝らした取り組みを展開していきました。

おわりに

庇護申請中の子どもたちの事例から、彼らは自分自身が置かれた特殊な状況にある種のコンプレックスを感じ、気軽に相談できる友達や教員がいなく、なかには日本語の習得に苦労し、友達づくりや学校生活が難しくなって孤立していく様子も見受けられ、さらにそれらが他の問題へと派生していることがわかりました。私は研究を通じて庇護申請者とのかかわりが多いのですが、たとえ学校に庇護申請中の子どもたちがいなくても、彼らのコンプレックスの要因となる他者からの「偏見」は、所属や主義・思考などさまざまな面であらゆる人々が経験するものだと考えます。それは、社会的に〝マイノリティ〟と言われる人々にも当てはまるでしょうし、私たち誰もが何らかの形で経験することだとも言えます。そこに一つの解決策を見出したのが、学級での取り組みでした。

中高生という思春期の時期は、さまざまなことを柔軟に捉えられる絶好の時間だと思います。しかし、大人もそうであるように毎日同じ空間で過ごしているとは言え、誰もが学校生活のなかで自然に周りに目を向け、みんなを受け入れられるとは限りません。だからこそ学校、とくに中等教育現場で生徒にあえて「差異」と向き合い、多様性を尊重するためのきっかけを提供し、子どもたちが自発的に学び合う場を設けてみてはどうでしょうか。身近な人とのかかわり合いのなかからお互いを尊重するようになれば、誰にとっても居心地の良い環境が生まれます。こうした問題が解決に一歩前進するために、まずは子どもたちにとって身近な社会である学校や学級で規模は小さくても力強い多文化共創社会をつくることが重要だと考えます。

第Ⅲ部
まちも会社も活性化する「多文化共創」思考

第9章
多文化対応で住まい探しのお手伝い
――不動産屋が担う、まちのグローバル化

荻野　政男　*Masao Ogino*

株式会社イチイ代表取締役、株式会社ピープルジャパン代表取締役、公益財団法人日本賃貸住宅管理協会理事・国際交流部会会長。

福島県いわき市出身、法政大学社会学部卒。NPO法人Ｌｉｖｅ ｉｎ Ｊａｐａｎ協会副理事、まち居住研究会（日本人と外国人の共生を考える市民グループ）事務局長。大学時代に欧米各国に滞在した経験から外国人居住の安定化を図るとともに、外国人と日本人の共生型ゲストハウス（Ｊ＆Ｆハウス）の運営や、日台・日韓交流会などを定期的に開催。不動産業界発展のため、外国人入居セミナーや留学生インターンシップ制度の導入なども行う。新聞に「ボーダレス時代の異文化共生住宅」、「異文化共生住宅の課題」などの連載コラムを執筆。著書に『3・11後の多文化家族――未来を拓く人びと』（共著、明石書店）、『「外国人向け賃貸住宅」ノウハウと実践』（週刊住宅新聞社）など。

写真：外国人サポートセンターのスタッフと著者（左）。

はじめに

朝からもう20軒以上も不動産屋を訪ねたというのに、東京・国立市の大学に赴任するパキスタン人教授の部屋が見つからない。日も暮れ、最後に飛び込んだ不動産屋で対応してくれたのは女性社長。私たちに同情し、「私がなんとかしてあげるから」とアパートを案内してくれ、渋る家主をなんとか説得してくれました。それまで何度も「日本の国立大学が招へいして、地位も滞在費用も保証されている大学教授」と説明して不動産屋を訪ねたのですが、「いやあ、それでもアジア系外国人は困る」の一点張りで、あっさり断られていたのです。

これは私が今の仕事を始めたばかり、約40年前の出来事です。当時こうしたことは、特別ではなく普通にありました。それがどうなったかと言うと、残念ながら今も変わってはいないのです。人、物、金、情報が自由に行き交うグローバル時代と言われていますが、日本においては人の移動と心のグローバル化はまだ課題のようです。

1　海外渡航が仕事のきっかけに

私の最初の海外渡航は１９７５年、大学2年の夏（70年代はヒッピーカルチャー、学生運動全盛の時代）でした。自由で可能性に溢れるアメリカからスタートする旅を書いた『何でも見てやろう』（小

図表９－１　アメリカ大陸横断ルート

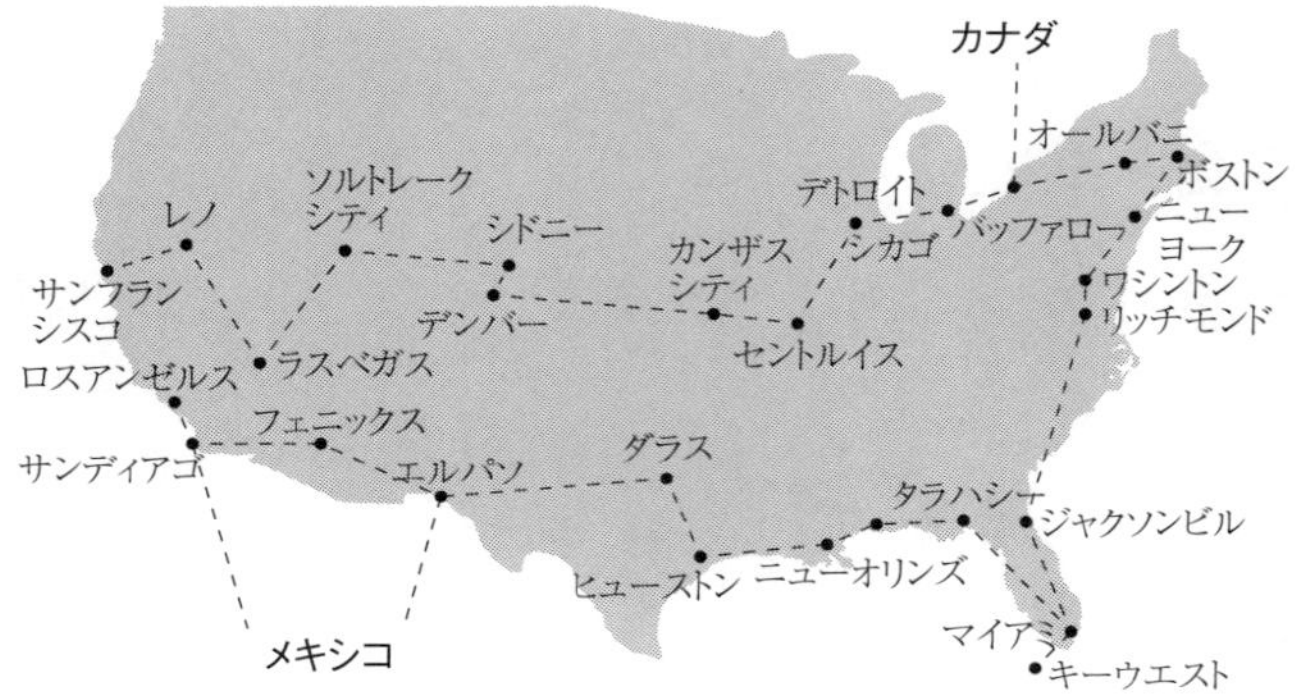

田実著）に感化され、アルバイトで稼いだお金を握りしめ、単身アメリカへと飛び立ちました。日本国内もろくに旅したことがない私にとって、アメリカは見るもの聞くものすべてが新鮮で驚きでした。1日10ドル（当時1ドル＝約３００円）、約80日間の計画で大陸横断バスを乗り継ぎ、アメリカを1周、途中カナダやメキシコへも足を延ばしました。

その間、いろいろな人との出会いがあり、多くの人に助けられました。右も左もわからない、しかも英語が下手でコミュニケーションがうまくとれない私に、バスの同乗者やバスターミナルで知り合った人たちが、いろいろと面倒を見てくれたのです。とくに、宿が決まらず途方にくれていたときなどは、救いの神でした。言葉とコミュニケーションの大切さを嫌というほど痛感した旅でした。滞在地が1泊のときは、バス（車中泊）、ＹＭＣＡ、Ｂ＆Ｂ（Bed & Breakfast の略。1日から宿泊可能な施設で、シングル、ツイン、ドミトリーのタイプがあり簡単な朝食付き）、モーテル、ホテル、そして数泊以上のときはホームステイやゲストハウスを利用しました。いろいろなところを利用したのですが、そのなかで最も印象に残っているのは、ラスベガスで出会った日本人から教えられた、ロスアンゼルス郊外の「コルピングハウス」です。コルピング協会というボランティア団体が運営している施設で、宿泊料は個室（8畳程度）が35ドル／週（1日2食付き）と安く、ベッドと机が設置され、入居時もカバン一つで支障なく生活することができました。滞在者は高齢のアメリカ人、日本人の留学生、メキシコなど中南米からの出稼ぎ労働者、そして私のような貧乏旅行者などで、言葉はもちろん、国籍、性別、年齢、仕事、そして滞在期間や目的までも違う人たち（約60人）でした。

写真：コルピングハウスの外観。

その人たちが一つ屋根の下で和気あいあいと一緒に暮らし、そして高齢者と留学生がリビングで会話をしている様子などは、まるで英会話のレッスンをしているようでした。これが私にとって、言葉や文化もシェアリング（共有）する〝多文化・多言語対応の住まい〟の最初の経験です。

それから2年が過ぎ、もっと海外の住まいや宿泊事情を知りたいと、大学を1年間休学してイギリスを拠点にヨーロッパを見て歩くことを決意。ロンドン到着後、宿泊先を決めていなかった私は、飛行機で同じだった日本人とパブで食事をした後、B＆Bに向かいました。そこには短期の宿泊者だけでなく、中・長期で滞在する人もいました。ロンドンには当時から外国人労働者が多く、そのなかにはフラット（アパート）を借りられず一時的にB＆Bに住む人たちもいたのです。また、当時「英国病」（１９６０～70年代）と呼ばれていたイギリスには失業者が多く、仕事を求めて地方から来た若者が短期の住まいとして利用するケースもありました。

その後、英語力を身につけるために通い始めた学校の帰り道、旅行者などが情報収集に立ち寄るロンドン中心地区（アールズ・コート）で、イスラエルのキブツ（協同作業村）での契約期間が終了して、ロンドンに立ち寄ったという日本人と出会いました。フラットを探しているというので、私は自分が入手していた情報を伝え、部屋探しの手伝いをすることに。見つかるまで一緒のB＆Bで共同生活をしたのですが、このB＆Bは今、日本で広がりを見せているシェアハウスに似ていると思います。少しのデポジット（保証金）を支払うだけで、他にかかる費用はなく、手続きも簡単、短期でも長期でもOK。とは言っても、長期滞在するには落ち着かないため、しばらくして私もフラットに引っ越すことにしました。場所と規模にもよりますが、私のフラットにはいろいろな国の人が住んでいて、アメリカのコルピングハウスのときと同じように多文化、多言語の生活を楽しむことができました。とくに多かったのがトルコ、イラン、イラクといった中近東からの人たちでした。

ロンドンに少し慣れたころ、日本人とイギリス人の新婚カップルと知り合い、彼らが購入した100年は経っているという住宅（購入価格500万円）のリフォームを手伝うことになりました。建物は地上3階建て、上層階はご夫婦の部屋、1階と2階を合わせた4室は外国人（主に日本人）に賃貸、そのうちの1室を私がリフォーム（DIY）しながら借りることになったのです。他の3室は日本人の留学生や旅行者などで常に満室でした。地下には共同のリビングがあり、そこでは奥さんの手料理（日本料理など）が振る舞われ、日本語を学ぶイギリス人なども交えた交流の場となっていました。当時ロンドンには、このように古い建物を安く購入し、自分たちでリフォームしながら運営するB＆Bやゲストハウスが結構ありました。

こうしたイギリス、アメリカでの経験が、この後に我が社で始めることになる、外国人と日本人のシェアハウス事業、そして外国人サポートセンター設立などの展開のもとになっているのです。

2 住まいの情報を集めて回る

イギリスだけでなくヨーロッパを旅行中も、旅行者をつかまえては宿泊施設などの情報収集を行っていました。若者たちの多くはユースホステルやゲストハウスといった安い宿泊施設を利用していました。私も2か月間ヨーロッパを回りましたが、その間の宿泊先はユースホステル33回、車中泊18回、ゲストハウス8回、ホテル2回と、やはりユースが圧倒的に多かったです。ヨーロッパのユースは料金が安いだけでなく、立地も良く観光に適していると言えます。また、世界中の若者が集まるので、情報交換はもとより、気が合えば一緒に食事や旅を楽しむことも可能です。私は一人で旅を始めましたが、旅行中は常にユースで知り合った誰かと一緒でした。

また、ロンドンでは宿泊施設だけでなく住まいの情報収集も行い、日本ではあまり馴染みのない、オペア（ホストファミリー宅で家事を手伝い、報酬をもらって留学する制度）についても、紹介センターを回って調べてみました。なぜかと言うと、この制度を利用して来た日本人の留学生が、ホストファミリーとうまくいかず家を出てしまった、そんな話を何度か聞いたからです。インターネットなどない時代、海外の情報を集めることは大変で、ましてやその情報が正しいかどうかなど、現地に行くまでわからない時代でした。つまり情報提供者（エージェントなど）を信じる以外に術がなかったのです。

このように情報収集をしていたのですが、通っていた学校の友達から「日本人を対象にフラットやアルバイトの情報などを提供するエージェントがあるよ」と教えられ、さっそく行ってみることに。事務所に入ると深刻そうな顔をした人がたくさんいました。言葉が通じないと意思疎通ができないわけで、家主にとっても入居者にとっても不安です。言葉の問題や偏見で思うように住まい探しができない人たちです。ロンドンでは、「日本人は物静かで、部屋をきれいに使い、家賃の滞納がなく、家主の評判が良い。だから部屋探しは困らないし、入居を拒否されることもない」という話を聞いていましたが、やはり言葉が話せないとそれもかないません。家主と入居者の母語を使って対応するこのエージェントは両者にとって心強い存在で、外国人入居の問題を解決する一番の方法だと感じました。これが、私が日本で外国人向けビジネスをしようと思ったきっかけです。

3　外国人向け賃貸事業を始める

日本に帰国し、夢を実現させようとアルバイト先（不動産会社）の社長を説得し、日本人だけでなく外国人も対象に部屋の紹介を始めました。ところが事情は少し違っていました。当時（１９７８年）、日本には約76万人の外国人（在住外国人）がいましたが、その多くは永住者で言葉の問題はほとんどなく、抱えていたのは国籍による入居差別という、もっと深刻な問題でした。そのためか外国人向け賃貸ビジネスと言えば東京の中心地に住む外資系商社マン、金融関係者、大使館関係者などを相手にするビジネスでした。私は「そんなはずはない。一般の外国人たちは部屋探しに困っているはず」と思い、英字新聞に広告を掲載。「東京での部屋探しをお手伝いします。家賃は1か月、１万５０００円から！」こんな内容の3行広告です。これを見た外国人は驚いたと言います。それもそのはず、当時掲載されていた英字新聞の広告は、家賃１００万円以上が当たり前、それ以下の安い物件はなかったからです。この広告が当たり、多くの留学生や就学生（日本語学校生徒など）、英語教師、さらには日本の大学に招へいされた客員教授なども部屋探しに来るようになったのです。

手探りで始めて2年が経過し、もっと専門的に外国人向け賃貸ビジネスをやりたいと思い、アメリカで知り合った仲間と１９８０年に不動産会社を始めました。高額賃貸以外で外国人向け賃貸のビジネスをしているところがなかったため、口コミでどんどんお客が増えていきました。ただ、お客は増えても紹介できる部屋がなく、それを探すために家主や不動産屋にお願いしても、10軒中9軒は「Ｎｏ」。家主には「経験がないし、家賃滞納や習慣の違いが心配」、不動産屋には「言葉が通じないと何かあったときに心配」と拒否される毎日でした。

そんなある日、大きなボストンバッグをぶらさげた若いイギリス人カップルが、会社にやってきました。ロンドンの日本人に「日本だったら英会話教師の仕事は山ほどあるよ」と言われ、それを信じて何のツテもなく東京にやってきたのです。当時イギリスは経済不況で失業率が高く、そんなイギリスに見切りをつけ、東京に新天地を求めたというわけです。日本語がまったく話せない彼らは英字新聞に出ていた我が社の広告を見て、「今日から住めるところを探しています」と訪ねてきたのでした。

まず、日本では部屋を借りるにあたって入居審査があり、礼金、敷金といった初期費用がかかること、さらに日本人の保証人が必要なことなどを説明。これを初めて聞く外国人は、母国の制度との違いに驚きます。彼らも同じで、どうしてよいかわからない様子でした。そこで、費用を抑えるための方法として「リフォーム前の部屋なら初期費用の割引とか、保証人なしの交渉ができるかも」と提案をして、二人を外国人に理解のある家主のところに連れて行きました。話がうまくまとまり、二人を家主に預け、私は事務所にいったん戻ったのですが、寝具などは大丈夫かと心配になり、また行ってみました。ドアを開けると、驚いたことに部屋には寝具はもとよりテーブルやイス、食器棚、そして食器や鍋まで揃っているではありませんか。すぐ生活できるようにと家主が用意してくれたのです。その後、この二人は家主が経営する学習塾で英語を教えることになり、ロンドンから両親が遊びに来たときには、家主宅に両親が泊まるなど、その後もお互いの国を行き来し、まるで親戚のような付き合いになっていったのです。

このように、外国人の受け入れに理解を示し、協力してくれる家主が少しずつ増えていったのです。

4 グローバル化は不動産会社から

アメリカやイギリスで体験したB&Bやゲストハウス、ロンドンで見た日本人向けエージェント。これがきっかけとなりビジネスを始め、短期滞在者向けにゲストハウス、中期用にシェアハウスやマンスリーマンション、長期用に留学生の寄宿舎や一般賃貸物件などの提供を行ってきました。その間も、外国人の入居をもっとスムーズにできないものかと試行錯誤の連続でした。

外国人の増加に伴い、マスコミなどで外国人の住居問題が取り上げられるようになり、社会もこの問題に注目し始めました。そんなとき、不動産団体の理事から「外国人入居を促進するための研究会を作りたい、一緒にやってもらえないだろうか」という話をいただきました。この話を受け、不動産賃貸管理会社の団体である公益財団法人日本賃貸住宅管理協会に入り、「外国人入居促進研究会」を始めることに。最初に行ったのは、「なぜ外国人は受け入れにくいのか」、その理由を家主、不動産業者にヒアリング（アンケート）したことです。それをベースに来店受け付けから契約までの手順をまとめた『外国人入居支援ＢＯＯＫ』を２００２年に発行。これが好評で、外国人居住の安定化を考える検討委員会（国土交通省）が設けられ、これに参加し『外国人の居住安定のためのガイドライン』を04年に作成することができたのです。このガイドラインは外国人入居に対する理解とその促進を目的とし、外国人対応の手順と手引き、それに役立つ情報や資料（賃貸契約書、重要事項説明書、申込書の翻訳）などで構成されています。このガイドラインをもとにセミナーや説明会を全国各地で行い、一定の理解は得られたと思います。ただ、実務上の問題はまだまだあり、その一つが〝言葉〟の問題です。日本語が理解できず意思疎通がとれない人に部屋を貸すのは、家主にとって不安が残ります。これは部屋を決めるときだけでなく、入居中、退去のときも同じです。

それを解決するために作成されたのが『部屋探しのガイドブック』（６か国語）です。部屋探しの手順や日本の賃貸借の慣習を多言語でまとめ、家主、不動産業者、入居者が外国語を話せなくても指さしで会話ができるようになっています。このアイディアのもとはヨーロッパ旅行中によく立ち寄った、「·i」（information）のマークの情報センターでした。現地で知りたいこと、困ったことがあったとき、「·i」に置いてある多言語のガイドブックが手助けとなりました。さらに、入居前の電気、ガス、水道の手続き、入居中のゴミ出しや騒音などの注意事項を動画でわかりやすく、６か国語で説明する『外国人住まい方ガイドＤＶＤ』を制作しました。

写真：インターンシップ研修会の様子。

これらの『外国人の居住安定のためのガイドライン』『部屋探しのガイドブック』『外国人住まい方ガイドＤＶＤ』を、私は〝外国人居住支援３点セット〟とセミナーなどで呼んでいます。けれども「仏作って魂入れず」では、せっかくの３点セットも生きません。これをうまく活用する人材を育成するため、「外国人住生活アドバイザー」の養成を３年前から始めています。アドバイザーが日本語学校などに行って、日本の生活様式や慣習、住まいの注意点（ゴミ出し、騒音の問題など）、地域コミュニティなどについて、学校に代わって説明します。「郷に入っては郷に従え」というわけで、「住むということは、１か月であろうと１年であろうと、共同住宅や地域の一員になるわけで、そこのルールには従わなければならない」と指導しています。

外国人住生活アドバイザーには外国人もいます。むしろ、外国人のほうが適しているのではないかと思っています。いろいろな習慣の違いを経験した同じ国の外国人が説明すると、説得力が違いますし、相手に対して母語での説明は効果抜群だからです。

外国人住生活アドバイザーの誕生は、外国人雇用にもつながっています。留学生をインターン生として３～４週間研修をする「ＪＰＭ留学生インターンシップ制度」を７年前（２０１０年）から開始しました。これは、受け入れ企業に外国人に慣れてもらい、身近な存在として外国人入居問題に取り組んでもらうことや、外国人雇用を促進する目的で行っています。

留学生には、コミュニケーションの大切さについて、肌で感じ取ってもらうのが目的です。留学生に、インターンシップに参加した理由を聞くと、多くが「自分や友達が日本に来て部屋探しで苦労をした。そんな経験をこれから来る人にはさせたくない」「日本の不動産業を勉強し、自国に戻って生かしたい」「生まれ育った国のためになることをしたい」など、社会に貢献したいという思いを熱く語ってくれます。

5　多文化スタッフによる「外国人サポートセンター」

インターンシップ終了後、その企業に就職し活躍している人たちがいます。当社にも２０１４年と２０１５年のインターンシップ修了生が就職しました。ネパール人と中国人で、二人とも母国語を含め４か国語、３か国語を話す優秀な女性です。彼女たちには「外国人サポートセンター」で語学を生かし外国人の生活支援の仕事をしてもらっています。彼女たちも他のインターン生と同じで、人の役に立ちたい、という気持ちから外国人の世話をする仕事を選んだそうです。

この外国人サポートセンターは今後、外国人入居者を受け入れてみたいという一般の不動産会社に対し、通訳などのサポートを行っていく計画です。広く業界の国際化に貢献することが、このセンターの役割であると考えています。

おわりに

　これまで私は、外国人向け住まいの改善のために活動をしてきました。それは、日本人も外国人も地域の一員として、ともに助け合いながら生きていける差別のない社会を目指すためです。地域に新しい住民として入っていくとき、最初の窓口になるのは、不動産会社であることが多いでしょう。外国人向け住まいの提供は、提供だけで終わるビジネスではなく、そこから共創が始まるビジネスだと思っています。「住まい＝暮らし」は「まち」（地域コミュニティ）とともにつくり上げていく必要があり、それを一緒につくり上げる不動産会社が、今、求められています。

　不動産会社が「まち」の情報センター、さらにはサポートセンターとして、外国人であろうとなかろうと公正かつ真摯に対応していくことで、さまざまなトラブルもあらかじめ回避できるでしょう。なぜなら、人と「まち」をつなぐ不動産会社こそ、多文化共創を促し、グローバル社会をつくるのに不可欠と言っても過言ではないからです。

第10章 多様性を生かせば経営が変わる
――多文化共創という理念と実際

市橋 和彦 *Kazuhiko Ichihashi*

株式会社ブリッジマン代表取締役、マーケティング・コンサルタント

慶應義塾大学商学部卒業、アメリカ・ミシガン州立大学経営学修士課程修了（ＭＢＡ）。アメリカＰ＆Ｇ社などの世界企業で、アメリカ本社勤務も含めて、パンパースおむつ、パンテーン、敏感肌化粧品、骨粗鬆症治療の新薬開発などのマーケティング担当を歴任して、世界の消費者の心の理解に努める。大和定住センターでのラオス難民の定住支援を行う。

現在、情熱を感じることは、日本の高校生・大学生が将来ビジョンを描くためのお手伝い。

はじめに

多文化共創は決して難しいことではありません。

一番身近な例として、「男性と女性の気持ちの理解」があります。ビジネスの世界では、「買い物においで購入決定権の8割は女性が握る」とするデータがあります。これに対して、企業側のマーケティング意思決定者の8割は男性です。

このギャップを埋めることが多文化共創の第一歩になります。男性の商品開発担当者が、女性消費者の「心になりきる体験」を積んで、消費者の無意識レベルの心理解読ができていくと、女性が喜ぶ商品開発もさらに進んでいきます。

1　多文化共創にマーケティングが役立つ

経営戦略の柱はマーケティングにあります。ここでは、「人々の夢を形にする」といった、人の感情にかかわる課題を扱います。世の中の要望に応えるため、生活アイディアを形にしていくのです。

そのマーケティングで成功するための秘訣は、「消費者の欲望、要望、必要などを満たして、満足してもらい、心から喜んでもらう」ことです。そのためには、まず「消費者の心を素早く、正しく読み取り」、それを形にして提供します。

ところが、期待したマーケティングには大きな問題があります……。何と「**正解がない**」のです。これを聞けば、学校で「答えのある教育」を受けてきた皆さんは、きっと驚かれるでしょう。それでも、「正解がない状況」は、現実社会のなかでは珍しいことではありません。

たとえば、「天気」には正解がありません。今日は晴れて暑くても、1か月後、半年後も同じ天気ではありません。答えは、そのときの気圧配置に応じて変わってしまいます。市場経済も状況が変化するため、今日の正解が「1年後も正解」とは言い切れません。これを別の言葉に置き換えると、「将来には、正解が存在していない」ということになります。

そのことから、「未来市場は、消費者の心のなかから、まだ形になってない要望を発見して、その新しいアイディアを形にして作っていく以外に道はない」と言えます。ポジティブに考えれば、そこには、未来に向けて、常に新しい発想を組み入れ、新しいアイディアを形にしていく「創造の喜び」があります。

2　マーケティングの原点は相手の心を理解して好きになってもらうこと

人は誰でも、「相手のことをよく知って好意を感じると、その人に対する評価が急に甘くなる」といった傾向があります。この現象を、筆者は「スキアマ効果」と名づけました。

「スキアマ効果」は、多文化共創のコア価値になるでしょう。

これまで付き合ったこともない、知らない文化から来た人には近づかず、好意も感じないでしょう。それが、一緒に会って話す機会があり、話しているうちに、親しくなり心が通うと、友達や恋人になるかもしれません。それも、若いうちはとくに……。

脳科学的に人の「元型」を見ると、「理性の生き物」というよりは、明らかに「感情の生き物」のほうが優勢です。マーケティングの中身も、「恋愛」とよく似て、その目的は、相手の関心を呼んで気に入ってもらい、好意を抱いてもらうことにあります。お互いに、「共感できる価値」が形になると、まったく新しい「良い結果」を生み出します。新しく提供する価値の基準は、「個人の生活を、どれだけ『心地良いものにできるか』」にかかっています。

たとえば、個人の通信方法でも携帯電話やメールのように、基本的な使用目的が変わらなくても、変化する時々の人の好みに合わせて、「常に多くの人とつながる心地良い体験が楽しめる」といったスマホやLineのような新しい価値のマーケティングの波を作って、巨大な新市場を出現させました。

3 試作品の完成度が重要なポイントになる

「あったらぜひ欲しい」を具体的な形にするために、機能を伴った試作模型を作ります。対象消費者に提示して、実際に試作品を使ってもらって感想を聞きます。初体験後の感想は、「ワッ、すごい！ようやく私が本当に欲しかったものと出会えた。感激！」と心から感動してくれれば合格です。

この情景は、1980年に発売された世界初の温水洗浄便座、TOTO「ウォッシュレット」のテスト風景を想像したものです。

ここでの重要な考慮点は、「あったら欲しい」と願う気持ちは非言語系の思いなので、その「熱い思い」は言葉には表現できません（その心境は、「恋人同士が互いの気持ちを伝えようとしても適切な言葉が見つからない」、あのもどかしさに似ています）。

❖発想力を育てて「私ならこうする」という気概をもとう

学生のころから、「私ならこうする」という発言ができるよう、自分を磨いておきます。

そのためには、日ごろからいろいろな生活場面のなかで「あったらいいな！（＝未充足の欲求）」を探します。

・発想力を豊かにして、アイディア・マンになることを目指す。
・子どもやその友達の会話などから、新しい発想を見つけ出す。

❖相手の心が理解できる5つのポイントを使いこなそう

異文化の相手を理解するときは、先入観や世間常識を持ち込まずに、自然体で接することを心がけます。

言葉にならない「気づき」を得る5つのポイント

1　「言葉に直接翻訳しない」――心の中に存在する「あったらぜひ欲しい思い」と、それを生み出す生活環境、気分など、背景の組み合わせが大切です。
2　普段の生活状況のなかに入り込んで、普段どおりの雰囲気のなかで、一対一の会話を数時間交わすなかで自然と浮かび上がってきます。
3　相手の気分が乗る話題から入ります。
4　相手がそこで実際に体験できると、その反応は言葉にして表わせるため、聞き取れます。
5　答えたくても「言葉が見つからない」ことが多いので、言葉で答えられない状況では、相手の顔の表情や動作の変化に注目して、その反応を読み取りましょう。

ここで、日本から発展途上国に赴任するときの心構えについて、考えてみます。

所得レベルが低い国の現状を正しく理解するためには、**1か月間は現地の平均所得で生活体験してみる**ことが推奨されます。私がかつて在籍したP&G（プロクター・アンド・ギャンブル）社では実際にそうしています。P&G社の商品は、日本を含む世界180か国で販売されて、世界50億人の消費者が使用しており、売上の3分の1は新興国によるものです。

現地の所得レベルからすれば日本製商品はかなり高額で、家計比率に占める割合も高いことが実感できます。それでいながら、現地ではその価格で購入されている実態を見れば納得できます。たとえ所得レベルが低い国の消費者でも、「欲しいモノを見れば、何としてでも手に入れたい」といった、先進国と似た購入意向が存在することを、心で理解します。所得が低くても、商品を見て「これを欲しい！」と気持ちが熱くなれば、価格のことは頭から消えてしまいます。

その一例として、P&G社はフィリピンで低所得者向けのシャンプーを1回分ずつ小分けにした商品を屋台で売っています。その人たちの給与支払いが週単位や日払いであるため、1回の買い物に支払える金額が限られますが、それでも使いたいからです。

こうして現地の生活状況に合わせて商品アレンジすることも大切なマーケティングです。

4　「利他ファースト」に徹したマーケティングを実施

世界市場を見るとき、新たなマーケティングの考え方は、「利他」の立場に立ちます。その意味は、「世のため人のためになることを、率先して行う」ことにあります。

「世のため人のためになる」ことをやり始めて形にしていくと、後から世の中がその価値を認めて評価してくれます。その評判はＳＮＳ（ソーシャル・ネットワーキング・サービス）を通して、「賞賛されるレベル」の書き込みが地球規模で広がっていきます。

❖ナイジェリアで女子中学生の中途退学率がゼロに

生理用品がないころ、ナイジェリアの女子中学生は生理期間中の対処ができないため、しかたなく学校を休む生徒が多く、休んだことで授業についていけなくなって中途退学する生徒がたくさんいました。

そこでＰ&Ｇ社は、女子中学生に向けて初体験となる生理用ナプキン「ウィスパー」の大規模な無償配布を行いました。皆、初めて使ってその良さを実感します。ナプキンを使うと生理期間中でも普段どおり学校へ行けるので、休む人もいなくなって中途退学者がゼロになりました。

この試用体験を通じて、数多くの女性が初めてナプキンの便益を知ります。そのことは後々、ナイジェリアでの生理用品の新市場開拓へとつながったのです。

人は誰でも、どこに住もうとも、「不快な状況」を解決する商品の存在を知って一度体験すれば、必ず使いたくなるものです。

5 「あったらぜひ欲しい」を発見する

多文化共創のアプローチ法として、長年、筆者が実践している「同事体験」を通して、「言葉になる前の思い」を発見する体験ができます。

「同事」はもともと、仏教修行の一つです。その内容は、自分と他人の境界を超えて「今、その人が問題を抱えている立場と完全に一体となって、その人のためになる」、心の姿を表しています。

実際のやり方は、心で「相手の立場に立って一緒に悲しみ、また一緒に喜ぶこと」を行います。「同事体験」を実践すると多文化に対する、新たな「気づき」が得られるでしょう。

❖マーケティングを実践しましょう

今の自分の立場をいったん忘れ、相手のために「生活改善委員」としての役柄から発想します。

次に、「人々の現在の生活の改善に向けて貢献していく」ために、何をしたらよいかを考えます。

ここで自問することは、「これから提供しようとするモノ／コト／サービスは、対象となる人々の生活改善につながり、心情に訴えて実感できる内容を、何か備えているだろうか？」です。

この問いに答えるため、商品化して提供するときには、機能的な優位性よりも、どちらかと言えば「情緒的な特徴づけ（たとえば、形が美しい）」や、使用時に感じる「使い心地の良さや安心感（たとえば、愛着が湧く）」のほうに着目しましょう。

6　20歳までに多文化と接する

人の脳は20歳で完成すると言いますから、多様な文化と接する時期は、「若ければ若いほどよい」が原則です。大人になってからでは感性が鈍ってしまうので、10代のうちから始めます。

グローバルな考え方を身につける最も望ましい形は、20歳前から多くの異文化と接する直接体験や対話を通して、互いを理解して認め合う「気質を磨く」ことにあります。若いころしか感じられない、好奇心に溢れる心境で、「何でも見てみよう」「いろいろな体験をしてみたい」「いろいろな人と出会いたい」を実行していきます。

❖多文化と接していくときの心構え――“Just Do It!”は感性の問題

「やりたい！」と思った瞬間は、「多様な文化と接して自分のキャパシティを広げるための将来投資」と確信し、やり始めて動き出すことです（後々、後悔しないために）。

・世界には、いまだに自分が知らないことがいっぱいある。
・世界の人々と出会って理解し合えるのは、若いうちがいい。
・幸せは、「人との絆」や「人とのつながり」から生まれる。
・「やれば、できる」と感じるときは、実際に行動に出るチャンス。
・たとえ失敗しても、そこで得られた知識や学習体験は、後々の人生に生かせる。

❖自己主張する「自分を異質化する勇気」

大人になると、自分では気づかないうちに「日本の大人の常識」に染まって、同質化してしまいます。たとえば、自分が異論をもっていても発言せずに終わることがありますが、このやり方は、世界では通用しません。また、日本人は発表するときに「背景」から話し始めますが、国際企業では必ず「結論」から話します。

「自分の意見をはっきり述べる」ためには、自分の考えをきちんともち、ディベート体験を重ねて、相手に正しく伝えるコミュニケーション能力を磨くことです。

多文化創出では、同質化の方向に進むよりも、個々の文化の異質性の良さを極めることで、新たな文化が創出できます。そのためにも、他の人の意見に同意するだけでは不十分です。世界でも通用する人間になるため、「自説を立てて異質化する」、それと「自説を論証できる」の二つの勇気を身につけていきましょう。

❖筆者が17歳から始めて、多文化と親しんだ7つの体験記

ここで筆者自身が17歳から30代半ばまでに多文化と直接触れて体験した内容をご紹介します。どれも、世界観を広げることにつながり、国際企業での仕事のなかで役立ちました。

①高校時代にアメリカ留学を決意

高校2年の大学進学の学部選択をするころ、「世界で通用するビジネスマンになりたい」という強い願望をもって、大学卒業後はアメリカ留学することを決意し、英会話に励みました。

②アメリカミシガン州立大学での学生生活

ミシガン州立大学の大学院に入る前、一学期は大学付属の英語学校に通いました。その期間は学部の寮に住むのでアメリカの学生と友達になり、他にもインド、タイ、フィリピン、ベトナム、韓国、ネパール、イラン、アルゼンチン、パナマ、メキシコ、スイス、フランス、返還前の沖縄の人とも交流できました。

③東ヨーロッパからの移民三世の家族

学生寮でアメリカの女子学生と親しくなって、友達何人かで彼女の家へ泊まりに出かけました。カトリック系の子だくさんの家族で、父親は車の修理をする技術者。そこでわかったのは、彼女が東ヨーロッパ系移民の三世ということ。大学まで上がったのはその家族のなかでは彼女が最初で、一家の誇りです。教会の日曜ミサに一緒に出たり、一家揃って近くの湖までドライブして泳ぎに行ったりして家族の生活のなかに溶け込みました。

学期末の休暇には、彼女とその弟、パナマ人の友人と4人で、弟が運転する車で1週間、ミシガン北部の簡易宿泊所に泊まるドライブ旅行へ。長い時間をともにする良い経験でした。

④国際結婚している教授家族がホスト・ファミリーに

大学院留学生としては珍しくホスト・ファミリーに応募して、大学教授の家庭が応じてくれました。普段は寮に住み、週末に食事や自宅パーティに参加。クリスマス・イブにも泊まりました。教授はドイツ語が母国語並みに堪能で、ベルリンで軍務についていた時期にドイツ女性と知り合い結婚。ドイツ的にしっかりした信念をもって生きる奥さんの姿を間近で見ました。家族の３人の男の子に交じって、年長の息子役を演じて溶け込み、家族ドライブにも参加。２年近いファミリーとの交流は、国際結婚の現実を知る良い機会になって、違った文化同士の結婚に対する理解が深まりました。

この家族との交流は46年経った今でも続いており、日本を訪れると我が家にも泊まります。こちらがアメリカ旅行するときにはミシガンを訪れて、湖畔の家に何度も泊まりました。

⑤タイ国とのつながり

大学院生の寮に移って1年経ったころ、寮の食堂でいつも顔を合わせるタイ国政府派遣の女子学生に一目惚れ。彼女が先に修士課程を修了して、帰国する直前に婚約します。20代半ばでは、「自分が望んだことは、何でも実現させられる」と信じて、行動していました。

彼女はひとまず帰国しますが、その後、タイ文化に興味を持ち始めた私は、学内のタイ・コミュニティに溶け込んでタイ語に親しみます。トランペットでタイ人のバンドのメンバーに加わり、パーティでタイ音楽を合奏。初めて食べた激辛タイ・カレーで舌がしびれて閉口する体験もしました。

半年後、日本に帰国する途中、初めてタイに立ち寄って彼女の家族と対面、その翌年に結婚しました。

子どもがないこともあり、アメリカに住んだころから帰国後の生活について話を重ねて、彼女から

「老後はタイへ戻ってタイ語を話すなかでゆっくりと暮らしたい」と言われ、結局、23年の関係にピリオドを打ちました。

⑥門司のビルマ寺院に60年近く常駐するヤンゴンからの僧侶

北九州市の関門海峡を臨む門司めかり公園の丘には、日本唯一のビルマ寺院の仏塔が立っています。終戦から13年経った1958年に、ビルマ戦線で亡くなった8万人近い日本兵の慰霊のため、日本・ビルマ共同で仏塔が建設されました。ヤンゴンからは二人のビルマ僧侶が60年近くも派遣されて僧院に住み、戦没者供養と世界平和を祈念しています。

ビルマ式の仏塔は、復興中の日本に対してビルマから贈られた両国友好の歴史的な証。

個人的には1980年代に、僧院長のウ・ウエップラ大僧正が藤沢市を訪問されたとき、知人を通じて知り合い我が家に数泊しました。その折に、上座部仏教の瞑想法を直伝で教わります。その後、門司の僧院を訪れたときに知り合ったウ・ケミンダ大僧正との交流も続きました。

⑦難民定住促進センターでラオス難民の支援

藤沢市に住んだ1980年代のころ、近くの大和市にインドシナ難民定住促進センターがあることを知ります。そのセンターを訪れたときに、ラオスから来た一家と出会い、我が家と行き来するようになります。ラオス語は、タイ語ととても似ていて、言葉が通じます。

その後、定住が決まるまでの期間、男3人兄弟の一番下の赤ちゃん「キャンディ君」の面倒を我が家で見るなどして可愛がり、楽しんで支援を続けた経験があります。

直接的に難民家族と交流する経験から、日本に来たばかりの難民の人たちが抱える共通の難題を身近で知り、日々の生活に関することを一緒に考える良い機会になりました。

おわりに──多文化共創マーケティングのまとめと提言

・「自分の見解をもつ」──マーケティングに正解はないが、「最後まで、対象となる人の心に奉仕する立場から」自分の見識を広げ、磨き続けると、「見えないものが見えてきてマーケティングのプロ」になれる。

・「あったらぜひ欲しい」──人の心のなかに眠る「言葉になる前の思い」を発見して、形にしていく。

・「利他ファースト」──世のため人のためになることを始めていけば、後から世の中が認めてくれる。

・自分のアンテナを磨く「同事」体験──相手とまったく同じ立場で相手の気持ちになりきる体験を積むと、心のなかに直観が湧いて〝ああそうだったのか〟と「気づき」が湧く。

・「スキアマ効果」──人は、相手に好意を感じた瞬間、心のなかで大きな変化が起きて、その人や国などに対する評価や態度が大幅に甘くなって親近感が湧く（「恋に落ちる」のと同じ原理）。

・人類共通の「快感情」に注目──人間のあらゆる「快を生む」ことに注目して多文化を広く受け止めていると、新しい商品やサービス魅力を共創する糸口が見つかる。

第11章 在日ブラジル人児童の心の支援
――外国につながる子どもたちの「育てられる権利」を守る

柴崎　敏男　*Toshio Shibasaki*

ＮＰＯ法人国際社会貢献センター（ＡＢＩＣ）プロジェクトスタッフ

１９７０年三井物産入社、鉄鋼部門に属し10年間のドイツ勤務、８年間の鉄鋼貿易システムの構築を経て１９９６年より広報部で三井広報委員会の事務局として芸術文化活動、障害者支援などの社会貢献活動に携わる。２００２年初代社会貢献室長となる。２００５年より在日ブラジル人児童生徒支援活動にかかわり、２０１２年６月退社後もＡＢＩＣにて三井物産の業務委託を受け、同活動を継続。最近は外国人児童の発達障害問題を取り上げ、関係者に実態解明の必要性を訴えている。ＮＰＯ法人在日ブラジル人を支援する会および認定ＮＰＯ法人難民支援協会理事も務める。

はじめに――子どもたちは今

ＯＥＣＤの発表によると「日本の子どもの相対的貧困率」は２００５年には14％でしたが、２０１４年には16・３％と悪化しています。また、子どもの貧困問題に加え、この文章を執筆している２０１６年には、広島市や日野市で「子どもの権利条約に反対」がこれまで以上に強くアピールされ、それが全国各地に広まりつつあるという動きや、児童虐待の数が２０１５年に初めて10万件を超えた（２０１６年８月４日：厚生労働省速報値）といったニュースも伝わってきました。日本の子どもが置かれている状況は厳しさを増しています。

加えて、特別支援学級在籍者数も増加しています。文部科学省の学校基本調査によれば、特別支援学級に在籍する子どもたちは、２０１０年度で小学生総数６９９万６３７６人に対し特別支援学級在籍児童数10万１０１９人（１・44％）、２０１５年度では６５４万３１０４人に対し13万９５２６人（２・13％）となっています。子どもたちに何が起こっているのでしょう。

1　子どもの育てられる権利

子どもは発達段階にあり、とくに人間の子どもは他の哺乳動物と比べてもひ弱で、少なくとも一人で生きていく力が備わるまでは庇護すべき対象で、焦らず、愛情をもって育てるのが大人の役目です。

一方、子どもは未熟な存在ではありますが、一個の人格として尊重されるべき存在であるということを大人は自覚すべきです。

政府は女性の社会進出を期待して２０１５年10月に一億総活躍社会のスローガンを掲げました。その妨げであり解決すべきものとして、待機児童の多さも近年大きな社会問題になっています。

大人の権利が脅かされると誤解してか「子どもの権利条約に反対」を主張する人々や、庇護されるべき子どもの弱さを忘れ児童虐待をする人々の意識からだけでなく、女性の社会進出問題や働く権利、ワークライフバランスを主張する人々の意識からも「子どもの育てられる権利」という視点が忘れられているように見えることがあります。子どもたちは声を上げられないのです。

2　正常な生育とは?

子どものころの自分はどんなだったのだろう。

最近、子どもの障害問題に向き合うようになって、こんなことを考えるようになりました。自分の小学校時代には面白くて個性的な仲間が多く、楽しかった思い出がいっぱいです。しかし、昔なら「ちょっと面白い子」として受け容れられていた「他の子と違う個性」は、長い目で見る、というゆとりが失われた現在では、障害の一種であると捉えられているのではないかと心配しています。

何が正常か正常でないか、誰が何の基準で障害だと判定しているのか、発達途上段階では未熟なのが当然なのに、育てにくい子・困る子どもを障害の範疇に押し込んでいる危険はないのか、と不安を抱えるようになってきました。

伊藤穰一MITメディアラボ所長と山中伸弥京都大学教授がNHKの番組『スーパープレゼンテーション』の対談で、遺伝子工学に関する生命倫理の話になったときに、このように言っていました。「誰が『正常な人』で誰が『正常じゃない人』という区別はできない。自分（伊藤）は背が低いし、自分（山中）は髪が薄いし……」。超一流の学者のユーモアを交えたやりとりが判断の難しさを端的に表しています。

3 在日ブラジル人支援とそこから見えてきたもの

❖三井物産の社会貢献活動

三井物産は日本経団連「1％（ワンパーセント）クラブ」の社会貢献活動15分野から、国際交流・教育・環境を社会貢献活動の重点分野として定め（2016年現在）、それに沿った活動の一つとして在日ブラジル人支援活動を進めています。

1980年代後半のバブル期の労働力不足問題解消のために1990年6月に改正入管法が施行されると、多くの日系ブラジル人が来日しました。しかし、2008年9月のリーマン・ショックおよび2011年3月の東日本大震災とそれに続く福島原発事故後の派遣切りなどで失職したため、多くのブラジル人が帰国しました。そのため、ピーク時（2007年）の約半数までに落ち込みましたが、それでも2016年6月末現在でブラジル人は日本に17万6284人在留しています。

歴史を大きく変えた入管法改正であったにもかかわらず、受入先の地方自治体は中央からのサポートもなく、まったくの準備不足で多くの問題を抱えることとなりました。微力ながらその解決の一助にと三井物産は2005年から在日ブラジル人を対象として、ブラジル人学校の支援、日本語副教材の提供などの支援活動を始めました。

4　外国人児童生徒の障害発現率問題

❖カエルプロジェクト・セミナー

ブラジルに帰国後、学力不足、言語問題、友人関係、イジメの後遺症などから心理的に追い込まれている子どもが多くいます。その子どもたちのケアのためにブラジルの臨床心理士、中川郷子博士ご夫妻がサンパウロ市で「カエルプロジェクト」を立ち上げたのは1996年5月。2008年からはブラジル三井物産社会貢献基金がこの活動を支援するようになりました。

2008年のリーマン・ショック後に失職した保護者とともに準備不足のまま突如ブラジルに帰国せざるをえなくなった子どもたちの抱える問題は深刻でした。これを受けて、私たちは2009年から中川博士を日本に招聘してセミナーを始めました。当初の目的は、日本にいる帰国希望の家族にブラジルの状況およびブラジル帰国後の子どもたちの様子を説明し、帰国前に必要な手続き・教育問題など種々のアドバイスをすることでした。最近は永住権取得者が増えたため生活・教育問題を中心に「教育セミナー」としています（2015年12月末現在、在留ブラジル人のうち63％が永住権取得者）。

セミナーと同時に設けた個別面談では、当初はいじめ問題の相談がかなりありましたが、ここ数年は「子どもが自閉症と診断されて特別支援学級に入っているが、それでよいのだろうか」という相談が多くなってきました。

❖外国人児童のなかの発達障害問題

「東海地域のある小学校では特別支援学級在籍児童12人のうち10人がブラジル人だ」との情報を得たのは2014年。それまでにもその傾向をつかんではいましたが、これを機に一つの学校のみの話に終わらせず、他の地域・学校からもデータを集め、全体的傾向を把握すべきだと調査を始めました。

発達障害者支援法第1章第2条第1項で定義されていますが、自閉症は脳機能の障害である発達障害の一つとされています。自閉症は主には「言語の遅れ」「対人関係の障害」「物や場所、行為へのこだわり」の三つの障害が特色です。しかし、その概念は難しく、医師・保健師の経験や障害に対する認識などによっても判定は揺れることがあるようです。

❖異常に高い割合の特別支援学級在籍児童

多くの方々の協力を得て、2015年には市町村または学校から7つのデータを集めることができました。その結果、限られたデータではありますが、特別支援学級に在籍している日本人児童は学校またはその地域全体の日本人児童総数の1~2%であるのに対し、外国人児童在籍者は外国人児童総数の6%を超えるという驚きの結果でした（図表11-1）。

全国平均1・99%と比較して、ヒアリング調査結果の外国人児童の6・15%は異常に高い値です。

図表11－1　ヒアリングのまとめ（2015年）

	総生児童数（人）			特別支援学級児童数（人）					
	総数	日本人	外国人	総数	比率	日本人	日本人比率	外国人	外国人比率
	①	②	③	A	A／①	B	B／②	C	C／③
三重県A小学校	265	157	108	12	4.53%	2	1.27%	10	9.26%
愛知県B小学校	303	133	170	14	4.62%	2	1.50%	11	6.47%
愛知県C小学校	179	70	109	17	9.50%	3	4.29%	14	12.84%
愛知県D小学校	739	656	83	14	1.89%	7	1.07%	7	8.43%
群馬県E町	2,012	1,727	285	30	1.49%	13	0.75%	17	5.96%
静岡県F市	44,057	43,127	930	684	1.55%	643	1.49%	41	4.41%
岐阜県G市	3,490	3,289	201	76	2.18%	60	1.82%	16	7.96%
	51,045	49,159	1,886	847	1.66%	730	1.48%	116	6.15%

図表11－2　2014年度特別支援学級在籍者数

2014年度児童総数（人）	通常学級（人）
	計
6,481,396	6,352,661

特別支援学級							
計	知的障害	肢体不自由	病弱・身体虚弱	弱視	難聴	言語障害	自閉症・情緒障害
128,735	62,489	3,205	1,992	365	1,029	1,460	58,195
1.99%	0.96%	0.05%	0.03%	0.01%	0.02%	0.02%	0.90%

出所：学校基本調査（全日本の児童数。外国人も含む）。

教育現場では、外国人児童の障害の発現率が高すぎるようだと気づいても、外国人の児童は言語発達が遅れているのでこの結果は当然、というような認識で特別に取り組むことはしてこなかったようです。

関係者に問題を喚起するためにはデータ量を増やす必要があり、霞ヶ関にデータ収集の協力を依頼しましたが、「それはできないし、今後も集めるつもりはない」と断られました。深い問題が潜んでいる可能性が大きく、問題意識をもってほしいものでしたが。

現在収集中の２０１６年のデータの傾向は、ほぼ２０１５年と同等です。ただし、新しくデータを得た地域では特別支援学級在籍児童が日本人２％強、外国人３～４％とその差が比較的小さな場合もありますが、直ちにそれがその地域の外国人児童生徒のなかで障害児が少ない証とは言えません。なぜならば、後述のとおり通常学級にも障害のある子どもたちが在籍しているからです。

２０１６年の中間結果では、９か所集計で日本人児童比率２・17％、外国人比率５・94％であり、やはり外国人児童内の特別支援学級在籍者の割合は高くなっています。

❖調査対象拡大の必要性

学校には、通常学級にも障害のある（らしい）子どもたちが在籍しているため、特別支援学級在籍児童数だけでは全体像は見えません。さらには後述のとおり、そのデータのもととなる判定（アセスメント・診断）がどのように行われているのかがわからなければ実態はつかめません。つまり、今回のデータ収集はこの問題を考えるきっかけになりましたが、より広範囲の地域から、しかも通常学級も含めたデータに基づく議論が必要です。

図表11－3　質問項目に対して担任教員が回答した内容から、「知的発達に遅れはないものの学習面又は行動面で著しい困難を示す」とされた児童生徒の割合

	推定値（95％信頼区間）
学習面又は行動面で著しい困難を示す	6.5％（6.2％～6.8％）
学習面で著しい困難を示す	4.5％（4.2％～4.7％）
行動面で著しい困難を示す	3.6％（3.4％～3.9％）
学習面と行動面ともに著しい困難を示す	1.6％（1.5％～1.7％）

注：「学習面で著しい困難を示す」とは、「聞く」「話す」「読む」「書く」「計算する」「推論する」の一つあるいは複数で著しい困難を示す場合を指し、一方、「行動面で著しい困難を示す」とは、「不注意」、「多動性―衝動性」、あるいは「対人関係やこだわり等」について一つか複数で問題を著しく示す場合を指す。

出所：文部科学省初等中等教育局特別支援教育課「通常の学級に在籍する発達障害の可能性のある特別な教育的支援を必要とする児童生徒に関する調査結果について」2012年12月5日。

ただし、統計上では障害（があるように見える）児童が増えていることは事実であり、少なくとも発現率の高い地域では、並行的にこの事実の分析を進めるべきだと考えます。

参考：通常学級の状況

文部科学省が２０１２年12月５日に発表した「通常の学級に在籍する発達障害の可能性のある特別な教育的支援を必要とする児童生徒に関する調査結果について」では、通常学級の６・５％の児童生徒（中学校も含む）が「知的発達に遅れはないものの学習面又は行動面で著しい困難を示す」とされています（図表11－3）。なお、これは全国から抽出された３万５８９２人の児童、１万７９９０人の生徒のデータです。

5 外国人児童のなかの発達障害の割合は本当に高いのか

❖障害児が増えている（ように見える？）原因は何か

先天性か後天性か

子どもの周りでは「自分の子に限って、自閉症などありえない」と頑として診断結果の受け入れを拒否する保護者と、逆に「やはりそうでしたか」と自分の育て方のせいではないことにホッとする保護者がいます。どちらにしても極端に走ることがないように専門家の指導が必要です。

冷蔵庫マザーからの解放

１９４３年にアメリカ人医師カナーによって自閉症が報告されてから、１９５０～60年代には「保護者の育て方が悪い」とされ、保護者は「冷蔵庫マザー」と責められていました。しかし、１９７０年代に入るとイギリス人医師ラターが「自閉症は後天的なものではなく、先天的な脳障害から起こる認知障害である」と発表しました。その後、保護者バッシングは落ち着いたようですが、いまだに育て方にその原因を求める主張が出ることがあるようです。

生育環境の影響

脳障害ではなくとも、生育環境によって適正な時期に適正に育つ機会を失った児童は「自閉症のように見える」可能性があるのではないでしょうか。

① 移民などでこれまでと異なる文化圏へ移動した結果、新しい環境下で言語発達が遅れ、知識・思考力が年相応でなかったり、また、日本で生まれたとしても幼児期の生育段階で十分な刺激や生育に必要な遊びが不足したりすると、「障害があるように見えてしまう」可能性はないか。

② 親の愛情不足・育児放棄・ネグレクトによる愛着障害や、さらには虐待などによる発育不良も結果的に「自閉症のように見える」ことにつながる可能性はないか。

在日ブラジル人経営の託児所には幼児教育の専門家が不在で適正な育成環境からほど遠いところが多く、そのような託児所ではレゴと首のとれた人形などはあるものの、まともなおもちゃはほとんどなく、一日中ポルトガル語のアニメのビデオが流されていました。ノリやハサミやパステルなどを使うなど、その年齢で経験すべきことに触れる機会のないことが、発達や思考力の伸びに大きく影響しているのではないかと心配しています。一部には、早朝から深夜まで児童を託児所に預けたままの保護者もいます。また、託児所で目にした食べ物には子どもの発達段階にこれでよいのか、と思わせるものがありました。

このような環境では適正な生育は望めません。保護者はその実態を知っていても、生活のためにそのような託児所に子どもを預けざるをえない場合があるのではないかと思いますが、子どもの成育を優先すべきだと思います。保護者および託児所の経営者には、子どもの成長期の重要さを知ってもらう啓発活動が必要です。

❖アセスメントについて

子どもの状態を診るために診療機関・専門家によって各種のアセスメントがなされていますが、各地の検査方法・基準はどうなっているのか、また、アセスメントの際、異なった文化的・言語的背景は十分に考慮されているのか、通訳を使っている場合には適正に機能しているか、などの調査も必要ではないかと思います。ポルトガル語に翻訳したり通訳を使ったりしても、ポルトガル語も日本語も不自由である場合など、家庭環境や育った文化背景がその結果に大きく影響を与えるため複雑ですので、アセスメントに関しても専門家による調査分析が必要であると思います。

また、アセスメントの結果に応じた適正療育方法を保護者に伝え、家庭でもできることはやってもらうことが重要ですので、そのフォローアップもしっかりやってほしいと思います。

6 特別支援学級

特殊教育から特別支援教育に移行したのが２００７年。特別支援学級（小学校）担当教員で特別支援学校教諭免許保有者は32・８％（２０１２年度：文部科学省資料）で、まだ発展途上です。指導方法の確立、配置される教師の訓練など、これからスピード感をもって進展することを望んでいます。さもなければ、特別支援学級は扱いにくい子どもを通常クラスから隔離するための教室に終わってしまうおそれがあります。リヒテルズ直子氏は「通常学級の子供たちとほとんど交わることのない特別支援学級の現状は『サラマンカ宣言』に反している」とも指摘しています（『オランダの共生教育――学校が〈公共心〉を育てる』平凡社、２０１０年）。

問題は、特別支援学級に在籍した児童生徒が発達状況を見て通常学級に戻ることもルール上は可能ですが、通常学級と異なる学習をしていることから学力の差が大きいため、現実的には難しいことです。つまり、当該児童の特別支援学級在籍について保護者・学校・その他関係者が話し合うベースとなるアセスメント・診断の影響は大きなものです。脳障害から来る発達障害でない場合には通常学級に在籍させ、アセスメントの結果に応じて、たとえば日本語教育のための「取り出し」（授業についていけない児童を別教室で教える方法）、または放課後指導で言語的遅れや教科学習の遅れを取り戻させることなどが理想ではないでしょうか。慎重なアセスメントと診断が望まれていますし、アセスメント・診断結果と教育・療育がうまく結びつくためには、厚生労働省と文部科学省の協働が不可欠です。

7　これからの子どもの支援――栴檀《せんだん》は双葉より芳し

私たちの子どもの支援活動は学校教育という観点から義務教育年齢の児童生徒だけを対象にスタートしましたが、活動を通じて就学前のケアがより重要であることがわかってきました。それも、本来は乳幼児、もっと言えば胎児の段階からのサポートすら必要であると考えるように至りました。

適正なアセスメント・診断および療育のための研究の必要性

子どもの障害問題およびアセスメントなどの研究は、日本のみならず子どもたちの出身国（たとえばブラジル、フィリピン）の医療・心理・教育関係者および当該国の厚生労働省、文部科学省など、該当する官庁の横断的な協力が不可欠です。当該国と日本の専門家が文化的・言語的背景の違いを理解したうえで行う共同研究があって初めて、実態の解明、適正なアセスメントの開発、特別支援教育カリキュラムの充実、支援体制の強化・充実と対策の取り組みが可能になるのではないかと思っています。

幼児の教育の重要さの啓発——遊びと成長

子どもは多くの経験を通して成長していきます。親との会話、友達との遊びなどが子どもの生育に大きく影響しています。朝・晩のあいさつ、食事前の手洗い、食後の後片づけで学ぶ日常生活の習慣やリズム、ゲームで覚える社会のルールの存在、ウサギや小鳥の世話で知る命の大切さ……などなど、モンテッソーリ教育で言う、それぞれの「敏感期」に合った遊びが子どもを伸ばします。

一方、保護者を含む大人は、往々にして子どもは自然に学ぶものだと考えがちですが、適正な時期に適正な経験をする機会を与えなければ学ぶことはできません。

託児所の経営者や保護者に対し、適正生育に関する啓発活動が焦眉の急です。

体制の充実を——保護者は誰にも相談できず悩んでいる

1歳半検診、3歳児検診などで疑わしいと判定された場合、医療機関・発達センターなどの機関に行きますが、地域によってはアセスメントや診断を受けられるまで半年から1年ほど待たされることがあります。通訳の必要な外国人の場合は、さらに遅れるおそれがあります。その後の療育もさらに半年も待たされることもあります。

結局、保護者は子どもをどこにも預けられず、一日中家にいることになって、子どもは他の子どもとも遊べず、発育に必要な刺激を得る機会も社会性を伸ばす機会も失ったまま、時間だけが過ぎてしまうという大きな問題が見えました。

２０１６年5月にブラジルから中川博士に来日いただき、日本各地で障害児支援・放課後デイサービス施設「きらり」の協力を得て保護者との面談を行いました。そのときうかがった話では、「きらり」が新しい施設を作るという話が流れると、開設前であっても在日ブラジル人家族から申し込みが殺到し、新規施設の受け入れ枠いっぱいになってしまうとのことでした。保護者は子どもを抱えてどこにも相談に行けず、孤立し家のなかで悩んでいる実態が表れています。とくに日本語が不自由な外国人の家庭では保護者自身のケアも必要です。

この問題の背景には専門医師不足もあるので、行政には福祉・精神医療の分野の強化に取り組んでほしいと思います。

おわりに

世の中の動きが速くなり結論を急ぐ傾向が強くなっていますが、子どもの育成は「焦らず、長い目で見て」ということが原則ではないでしょうか。早い段階でレッテルを貼りその子の一生を決めてしまう傾向に危機感を抱いています。

私たちは多くの面で廉価な労働力を提供してくれる外国人の力に頼っていますが、それが外国人労働者に連れられて来日する子ども、日本生まれの外国につながる子どもに対し、結果的に前述のような問題を引き起こすことにつながってはいないでしょうか。高い生活水準を謳歌したいという私たちの欲望を満たすことが、このような不幸な事態を引き起こす遠因であるならば、私たちはその責任においてこの問題を解決しなければならない立場にあると言えます。

しかし、個人・企業の力には限度があります。問題の根本的解決には国がこの問題を自覚し、この環境を作り出している「正門を閉めながら裏木戸から外国人労働者を入れている」現状を打破することが必要です。子どもたちのため、ひいては良き社会のために、新しいルールづくりに一刻も早く着手することを願います。

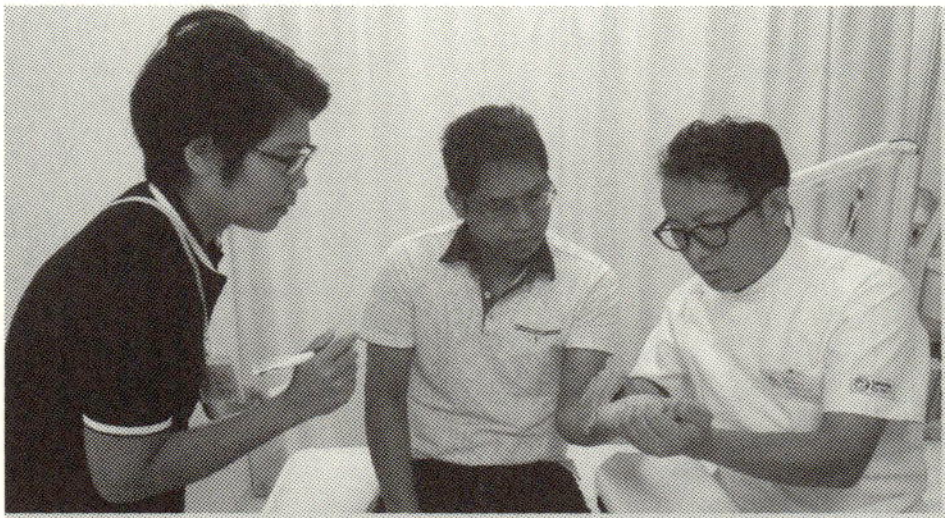

第Ⅳ部
いのちに国境はない

第12章 多文化スタッフが担うチーム医療
——まちの多文化クリニックの試み

冨田　茂　*Shigeru Tomita*

高田馬場さくらクリニック院長、博士（医学）

１９９４年、新潟大学医学部卒、整形外科専門医。在日外国人医療相談会のボランティア医師として活動。外国籍住民が気軽に受診できる診療所がとても少ないため自分たちで始めることに。２００９年、タイ国マヒドン大学公衆衛生学部大学院修士国際課程修了。２０１３年、獨協医科大学公衆衛生学講座での研究業績により博士（医学）。港町診療所などを経て、２０１４年、高田馬場さくらクリニック開院。

はじめに――クリニックの成り立ち

この本を手にとっている方たちは外国に興味のある人や、実際に外国に行ったことのある人が多いことでしょう。日本語の通じないまちで体の具合が悪くなったときのことを想像してみてください。多少の語学力があったとしても、動くだけでも辛いときに病院できちんと外国語で説明することができるでしょうか。病院へ行かずに我慢してしまうかもしれません。このような心配を抱えて暮らしている方たちが私たちの身近にも大勢います。外国出身の方、とくに日本語が不自由な方にとって、行きやすい医療機関が日本にはあまりないというのが現状です。開発途上国出身の外国人は保険がなく医療費を払わないのではないかといった偏見や、診療に時間がかかり他の患者に迷惑がかかるなどの理由で、医療機関が診察を渋るケースもいまだに少なくないようです。通訳の同行がなければ診療ができないと言って診療を引き受けてもらえないケースも見られます。病院側では通訳の用意がないので、日本語が不自由な方は、自分で通訳を探して同行してもらわなければ安心して医療機関にかかることができません。

私たちのクリニックは主に整形外科疾患を対象として２０１４年に開院しました。名前のとおり、ＪＲ山手線の高田馬場駅の近くにあります。高田馬場は東京のリトルヤンゴンとも呼ばれ、ミャンマー人が多く住んでいるほか、ネパール人やベトナム人、タイ人などの比較的最近になって日本に増えてきた国の出身者も多く住んでいます。開院当時は日本で難民認定される人たちのほとんどがミャンマー人でした。このため、難民認定申請中の方たちもいらっしゃいました。自分たちの国が不安定ですから、病気になったら母国へ帰って治療するというのも簡単ではないわけです。地域に暮らす方たちの健康に役立つことが、まちのクリニックの重要な役割です。そこに日本人、外国人の区別はありません。クリニックでは、どうしたら外国出身者が訪れやすい雰囲気を出せるかを考えながら診療を行っています。単に言葉のできる日本人よりも、患者さんと同じ国の出身で日本語ができる通訳がいるほうがより安心できるのではないかと考えました。現在、当院では難民認定を受けているビルマ（ミャンマー）出身の通訳スタッフが働いています。難民申請中などいろいろな事情のある方も受診しやすいのではないでしょうか。その他、英語やスペイン語などのメジャー言語以外にも、曜日と時間帯は限られますがネパール語、チベット語、ヒンズー語、タイ語での診察が可能な環境も整えました。自分と同じ出身の通訳がいて、安心して痛みを訴えることができるという評判が広がったことで、多くの方が遠方からも訪ねてきてくれるようになりました。２０１６年10月までに57か国、延べ６２００人の外国人が来院されました。今では患者さんの２割以上が外国人で、月に延べ３００人ほど診察にいらっしゃいます。そのうち半数以上がミャンマー人です。

1 言葉の問題

厚生労働省の統計をもとにした沢田貴志医師らの報告では、日本に住む外国人は日本人と比べて年齢調整死亡率が高い（同い年なら外国人のほうが死亡する確率が高い）という結果が出ています。もともと健康状態の悪い人たちが外国から日本にやってくるのでしょうか。そうは思えません。外国に働きに来たり勉強しに来たりする人たちは、本来元気な人たちが多いことが知られています（Healthy Migrant Effectと言われています）。にもかかわらずこうした結果になるのは、来日後の生活が影響しているのではないでしょうか。原因の一つには、病院にかかりにくいということもあるでしょう。

病院にかかりにくい理由のなかでまず挙げられるのは、言葉の問題です。では、通訳を雇うなどして多言語対応している病院はなぜ少ないのでしょうか。質の高い医療を提供するためには、言葉が通じることが大変重要です。このため通訳の存在はCTやMRIなどの高額な機械以上に大切な場面が多いのですが、現在の医療保険制度のなかでは通訳費用が認められていません。通訳にかかる費用が公的にカバーされないため、全額を医療機関か本人が負担しなければならないのです。通訳のいる病院が少ないのはそのためです。

医療通訳には大きく分けて3通りの方法があります。一つ目は病院やクリニックで専属の職員として働く通訳で、患者さんと医師をはじめとしたスタッフとの間で直接やりとりをします。医療チームの一員としていつも一緒にいるため、通訳のスキルが向上しやすいこと、日本人スタッフも通訳を利用するためのスキルが向上しやすいことなどが大きな利点です。患者さんにとっては、いつも同じ通訳がいることの安心感があります。人数が限られるため多くの言語に対応することができないことと、コストがかかることは欠点と言えるでしょう。私たちのクリニックはこの方法を採用しています。

二つ目は派遣型の通訳です。国際交流協会やＮＧＯなどがコーディネーターとなって、依頼のあった病院に日時を決めて登録している医療通訳を派遣する方法です。前述の専属型よりも多くの言語に対応できる可能性があることと、コストが限定されるためより多くの医療機関で利用できること、登録者のなかで情報交換や勉強会ができることなどの利点があります。夜間の救急など急な依頼や、患

写真：チーム診療の様子。通訳は医師と受診者の両方を見ることができる位置にいる。医師は受診者に向かって話に集中できるように、事務職員が電子カルテの入力補助を行っている。
撮影：高田馬場さくらクリニック。

者さんが約束していた時間に来られなくなったときなど、急な変更に対応できないことが難しい点です。通訳者にとってはその都度違う病院へ行くため慣れにくく、病院にとっても通訳を医療チームの一員として認識しづらい点も弱点と言えるでしょう。現状ではこの派遣型の通訳が一番多いのですが、前述のように通訳の料金を誰が負担するのか財源がはっきりしないため、通訳者が交通費程度の謝礼でほとんどボランティアとして仕事をしている場合も少なくありません。

三つ目は電話やタブレット端末を利用した通訳です。AMDA国際医療情報センターが有名で、無料でサービスが提供されています。また、30分1万円程度の料金でサービスを提供する会社も増えてきています。利点は遠隔地でも通訳が可能であることや、急な依頼にも対応しやすいことが挙げられるでしょう。対面と比べてジェスチャーを含めて微妙なニュアンスが伝わりにくいということが弱点と言えるでしょう。

いずれの方法においても費用の面と、医療通訳ができるような高いスキルをもった通訳者が足りないことが問題です。とくに英語や中国語などのメジャーな言語以外の通訳者の確保は大きな課題です。医療通訳者の地位を価値のある高度な専門職として確立させ、その費用も公的に認めていく必要があるでしょう。

2　医療費と制度――外国人は医療費の支払いが困難なのか？

「外国人が受診したときに医療費はどうするのですか？　支払ってもらえないのではないですか？」。ときどきこのような質問を受けることがあります。欧米出身の方たちのことではなく、当院の外国人受診者の大半を占めるアジアの開発途上国出身の方たちについての質問です。外国人は健康保険もなく、そのために高額となった医療費を支払う経済力もないだろう、という誤解がまずあるようです。一口に外国人と言っても、日本で地域住民として暮らしている方たちと、メディカルツーリズムも含めたツーリストでは大分話が変わってきます。私たち、まちの多文化クリニックへ来るのは主に前者の地域住民です。ツーリストではない、日本に住んで働いている多くの方たちは、私たちと変わりなく税金を納め、健康保険料も支払っています。ですから、その方たちは健康保険証をもっていますし、日本人と同じように医療費を支払っているので、あまり問題はありません。

ただ、なかにはこのようなこともときどきあります。病院で渡された書類の入ったクリアファイルをもって、これをどうしたらよいのでしょうかとクリニックに相談に来られた方がいました。見ると別の病院のもので、次は会計窓口にファイルをもって行って支払い手続きをしなければならないのですが、日本語がわからずどうしようもなくて、そのまま帰ってしまったようでした。大きな病院では日本人でもどこへ行ったらよいのかわからなくなって、迷子のようになってしまうこともありますね。この方は、お金がなかったわけでもないのに、何だかわからないうちに医療費未払いになってしまっていました。もちろん病院に連絡して事情を説明し、ご本人に支払いに行ってもらいました。もし病院に通訳がいたら、このような未払い騒ぎは起こらなかっただろうになぁと思います。このようなことは、全国のあちこちで起こっているのではないでしょうか。

とはいえ、一部の外国人患者さんのなかには健康保険証をもっていない方もいらっしゃいます。難民申請者の一部やビザが切れている人など、住民として登録がされていない方は保険証をもつことができません。また、健康保険のしくみのない国から来た人たちのなかには、そのルールがよくわからないまま保険料を支払っていないために保険証をもっていない人もいます。保険証がない場合には自由診療となり、医療機関によって自己負担する割合に違いがあります。あまりその事実は広く知られていませんが、自己負担が10割の病院もあれば、20割や30割の病院もあります。どういうことかと言うと、医療費が仮に10万円かかった場合には保険証をもっていて3割負担の人は3万円支払うわけですが、保険証がない場合に30割負担の病院にかかると30万円支払うことになるわけです。保険証がある場合の10倍ですね。保険証のないような不安定な立場の人たちは健康上のリスクが高いグループと言われています。医療サービスの必要性が高い人たちほど、良い医療ケアを受けることが難しくなるというさかさまの現象が起こっているかもしれません。

さくらクリニックでは、保険証をもっていない方には、診療費を10割自己負担していただいていますが、未払いのケースはこれまで2回しかありません。一部、難民への支援をしている団体が診療費を支払ってくださる例もあります。

ところで皆さんは、診察室で今から行われる検査や薬にいくらかかるのか、説明を受けたことはあるでしょうか。実は私を含めてほとんどの医師は自分で会計業務をしないものですから、細かいお金のことは覚えていないのです。支払いのことが心配な患者さんもいますので、診察をしながら金額についてもその場で正確な数字が出せるような電子カルテシステムを選びました。そして、診察室では医師、看護師、通訳、医療事務がチームを組んでおり、医師の得意ではないお金の説明についても事務職員が通訳を介してお話しできるようにしています。このような配慮も有用と感じています。

また、労災保険や結核の公費負担など、健康保険がない方でも無料で治療が受けられる公的制度もありますので、その適用についても知識を深める必要があると感じています。とくに労働災害については、多くの外国人労働者がよく理解していないようです。医療費を心配したり、仕事を休めなかったりという理由で医療機関への受診をせず、治療が遅れて治るまでに長期間かかってしまう例を少なからず見ています。すべての外国人労働者に対して、日本における労災保険の制度と利用方法を周知できるしくみが必要であると同時に、事業者や医療機関もスムーズに手続きを進められるように準備が必要でしょう。そして、健康保険についても外国人が市町村に住所の届出をする際に確実に説明を受けて、全員がもれなく加入するようになってほしいと思います。

3　生活の変化と医療

以前、私たちが日本にいるミャンマー人にアンケート調査をした際に驚いたことがあります。在日ビルマ市民労働組合という、外国人だけで作った労働組合にお願いして91人の方たちが答えてくれました。日本ではほとんどの人たちが飲食店で調理や給仕の仕事をしたり、工場で労働者として働いていました。ところが、母国ではオフィスで働いていたり、専門職としての仕事に就いていたりして、

図表12－1　日本に住むミャンマー人の仕事の変化（n=91）

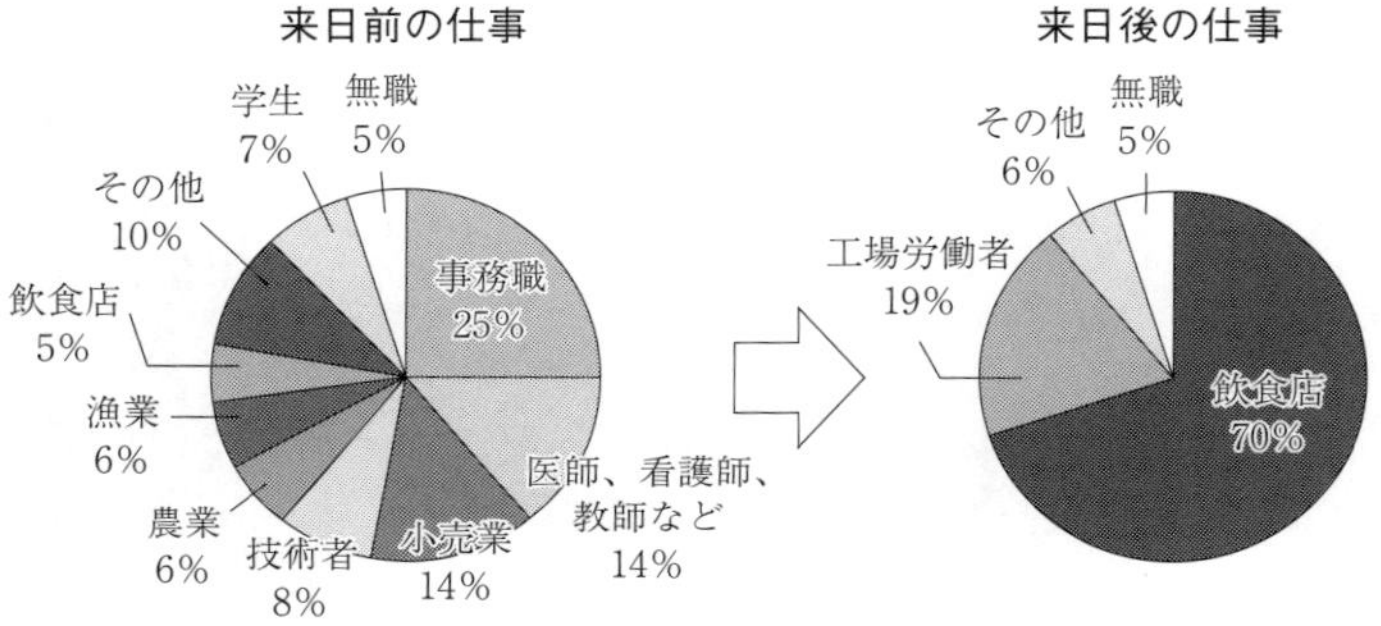

出所：Tomita S, Yamamura J, Muto T: Health and occupational safety problems of Burmese migrant workers in Japan: Poor utilization of health care service and workers' accident compensation system. In: The 21st International Union for Health Promotion and Education (IUHPE) World Conference on Health Promotion: Pattaya, Thailand; 2013.

いわゆる肉体労働は日本に来て初めてという人が大半でした（図表12－1）。言葉の通じないまま、初めての仕事を覚えるのはさぞかし大変だったことでしょう。そのせいか、腰痛などの体の痛みをはじめとして、不調を訴える方たちがとても多く見られました。反面、具合が悪くなっても病院に行かずに自分で薬を買うなどしていることが多いこともわかりました。

このように、大きな生活の変化が起こって体調が崩れる、けれども気軽に受診できる医療機関が身近にない、という状況があると思われました。アンケートに答えてくれた方たちだけではなく、日本に住む外国人全般にも当てはまるのかもしれません。この調査結果は、さくらクリニックを作ろうと決断するきっかけにもなりました。

少し話はそれますが、体の痛みを外国語で説明することは意外と難しいのです。チクチク、ズキズキ、鈍く、刺すように、など、外国語で正しく言えるでしょうか。私がミャンマー人の患者さんに注射をするときに、「チクっとしますよ」というのを通訳が逐一訳してくれているのですが、考えてみると難しい翻訳です。あるとき、どういう訳し方をしているのかと聞いてみると「アリさんが咬みますよ」と言っているそうでした。なんだかかわいらしくて面白いですね。このようなセンスも通訳者には求められるのだなと思いました。ただ、ミャンマーのアリさんは結構大きくて、咬まれるとかなり痛いそうです。注射は痛くないようにしてあげたいものです。

4　病気の予防について――健康診断

写真：ビルマ人などの定住外国人向け健康セミナー（社会福祉法人さぽうと２１にて）。
撮影：高田馬場さくらクリニック。

日本の重要な公的保健サービスの一つに特定健康診査（区民健診など）があります。健康診断を通じて病気を早く見つけて、手遅れになる前に早く治療をすることや、まだ病気になる前に見つけて生活習慣を変えて健康に暮らせるようにすることはとても大切です。本人のためになるのはもちろん、周りに感染するような病気を早く治すことは地域全体の健康にとっても大切なことです。

では、日本に住む外国人は健康診断を毎年受けているのでしょうか。クリニックを受診する国民健康保険をもっている外国人に尋ねると、ほとんどが受けていないという答えでした。健康保険料を払っているにもかかわらず、無料ないしは低額で受けられるはずの健康診断をどうして受けていないのでしょうか。

写真：ビルマの水掛け祭り、日比谷公園での健康相談アウトリーチ活動。
撮影：高田馬場さくらクリニック。

40歳以上の人には住んでいる市区町村から案内の封筒が送られてきます。市区町村で異なりますが、ほとんどの場合、表紙はすべて日本語で記載されており、なかには日本語で書かれた23項目の問診票などが入っています。日本語で問診票に回答し、その他の必要な事柄を記入して住んでいる地域の医療機関を受診するしくみになっています。また、新宿区の場合は16歳から39歳で会社や学校で健康診断を受けていない人も区民健診が受けられるようになっています。対象となる方たちは自分で区役所に行って申請し、用紙をもらって同様に日本語で記入して医療機関を受診することになります。住民の1割以上が外国籍である新宿区では、区のウェブサイトや冊子で英語、中国語、韓国語などの多言語で情報提供が行われています。それでも受診への障壁は高いようでした。まず、母国で定期健康診断の習慣がない方たちにとって、日本語で書かれた封筒を受け取っても何のことかよくわからずに捨ててしまうことも多いようでした。また、健康診断を受けたいと思っても言葉が通じないため諦めている、過去に受けたことがあっても結果の説明が日本語だったため、結果がよくわからず翌年は受けなかった、などということも聞きました。

そこで私たちは、通訳のいるミャンマー語、ネパール語、タイ語でクリニックのホームページ、院内掲示、外国人コミュニティへの案内を通じて健康診断についての情報提供を始めました。ミャンマーのお祭りに参加したり、外国人を対象としたセミナーで話をしたりもしました。そして、問診票を外国語に翻訳したものを用意しました。区役所とのやりとりが難しい人には、受付職員が電話で代行するといった支援も行いました。そして、問診や診察時、結果の報告時には通訳がつき、保健指導が必要な人には外国語のリーフレットを用意しました。その結果、初年度は28名の外国籍住民が健康診断を受けました。これまで受ける機会がなく過ごして来られたからか、約8割の人に何かしらの異常が見られました。そして生活習慣の改善に取り組む人や、治療が始まった人、大きな病院へ紹介となった人、それぞれに対策をとることができました。2年目は57名が受診してくれるようになりました。3年目となる2016年は100名を超えそうです。

5　障害の予防について――リハビリテーション

健康診断が病気を早期発見して進行を予防したり、病気になる前に予防したりすることができるとしたら、リハビリテーションは怪我や病気になってしまった後に障害が残らないように予防するための重要な役割を果たします。手の骨を折ってしまった場合を想像してください。ギプスや手術で骨が治っても、実際に手が動くようになるにはかなりの練習が必要になることも少なくありません。練習には痛みを伴うこともあります。言葉が通じない相手が自分の痛い手をつかんでグイグイと動かし始めたらどうでしょう？　恐怖で二度と行かなくなってしまわないでしょうか。外国人にとってリハビリテーションへのアクセスにも壁があります。もともと母国ではリハビリテーションの概念が知られていないという場合もありますが、言葉の問題が一番大きいようです。クリニックにネパール出身のリハビリスタッフがいることが口コミで伝わり始めると、遠方からも患者さんが次々と通ってくるようになりました。詳しい話は第14章をぜひ読んでください。適切なリハビリテーションを受けることは、早く仕事に戻ることや、治療期間も短くなり医療費も安くなることにつながりますから、患者さんだけではなく日本の社会全体にも大切な役割を果たすことになります。外国人の患者さんも日本人同様にしっかりとリハビリテーションに通うことができるようなしくみが重要でしょう。

おわりに

ここまで読んで、クリニックはいろいろな役割をもったスタッフによるチームプレーで成り立つということがわかっていただけたと思います。地球にさくらの花びらの五大陸というロゴマークはチームの思いを表しており、日本人も外国人も区別なく安心して来てもらえるようにという気持ちを伝えています。私たちのような小さなクリニックができることは本当に限られているのですが、多文化スタッフによる試みが経営的にも自立して地域での役割を担うことができるようになりたいと思っています。最終的には通訳のいるクリニックがあちこちに広がって、それが珍しくない世の中になり、「在日外国人」や「難民」、あるいは「支援」などの言葉で括られずに誰でも当たり前に医療を受けることができるようになってほしいと思っています。

写真：高田馬場さくらクリニックのロゴマーク

第13章 医療現場の多言語化を担う

——医療通訳という仕事

マ テン テン ウ *Ma Thin Thin Oo*

医療通訳者、高田馬場さくらクリニック勤務

ビルマ（ミャンマー）出身。留学生として来日。日本に来て、ビルマでは手に入らなかったアウンサンスーチー氏の本が読めることを知り、母国でいかに自由が制限されているかを実感する。2006年のサフラン革命では、日本のビルマ大使館前でデモに参加。同年より在日ビルマ市民労働組合で活動。2009年日本政府に難民として認定される。2014年高田馬場さくらクリニックの立ち上げに参加。

はじめに

皆さん、こんにちは。私はビルマ人のマ テン テン ウと申します。来日して16年になります。本章では、来日の動機、日本の医療現場で経験したこと、嬉しかったこと、感じたことなどをお話しさせていただきます。

❖ビルマという国をご存知ですか?

まず、私の母国、ビルマについてご紹介します。軍事政権以降はミャンマーという表記になりましたが、本章ではビルマという表記にさせていただきます。ビルマの人口は約5100万人で、首都は2006年にヤンゴンからネピドーに移りました。面積は約68万km（日本の約1・8倍）で、北部はヒマラヤ山脈の一部、南部はアンダマン海に面し、西部はバングラデシュとインド、北部は中国、東部はタイ、ラオスに接しています。国土は南北に長く、地域により気候が大きく異なりますが、中部から南部は熱帯、北部は温帯気候です。乾期（10月下旬~3月まで）、酷暑期（4月~5月）、雨期（6月~10月中旬まで）の三つの季節があります。暑いため、人々はサンダル履きで、ロンジーという巻きスカートが欠かせません。

仏教、キリスト教、イスラム教、ヒンズー教などさまざまな宗教の人がともに暮らしています。民族もカチン、カヤー、カレン、チン、バマ（ビルマ）、モン、ラカィン、シャンなどたくさんあります。ビルマ語が通じる方もいますが、言葉になまりがあって、きちんと聞かないと聞きづらい発音もあります。食生活は、お米が主食で、おかずは炒め物、煮物（油多め）がほとんどです。クサヤ（魚醤）に野菜をつけて食べる習慣があり、一年中暑いため塩分をたくさん摂っています。医療の面では病院などもありますが、怪我をしたらウコンの粉を水で溶かしてぬる、捲き爪ができたら水草を潰して塗り包帯を巻く、紫外線を防止するためにタナカというものを顔や手足に塗るなど、ハーブや薬草も生活のなかに溶け込んでいます。

1　日本へ

❖『おしん』と出会う

私が暮らしていたころのビルマは、軍事政権下の統制された社会でした。自由に発言できず、勉強もできず、読みたい本さえ手にすることができませんでした。ビルマの政治について話すこともできませんでした。もしそのような話をすると警察が来て、自分だけでなく家族まで非難されることがわかっていたからです。

日本との出会いは映画の『おしん』でした。その映画から、物がなくても我慢して耐えていくことの尊さを学びました。そして、日本に対する関心が深まっていきました。留学で初めて来日したとき、空港に着いたら、皆スーツ姿の人ばかりでびっくりしました。私にとって日本は『おしん』の国でしたので、着物姿やサムライの姿の人々ばかりだと思っていたのです。さらに、電車のなかでは立ったままで寝ている人やお化粧をしている人がいたり、秋葉原は24時間電気が点いていたり、学生さんたちの服装が自由だったり、驚きの連続でした。そして日本に来て初めて、政治のことなどビルマ人の仲間たちと話ができるようになりました。

❖労働組合での活動

日本では、労働組合というビルマにはない労働者を守るしくみがあることも初めて知りました。私は、ビルマ人で作っている在日ビルマ市民労働組合（FWUBC: Federation of Workers' Union of the Burmese Citizen in Japan）のメンバーになり、社会にかかわるようになりました。日本の労働組合「JAMものづくり産業労働組合」が私たちを支えてくださり、また港町診療所のボランティア医師も組合を助けてくれました。組合では、労働問題や健康問題などを解決するための場所を設けており、ビルマ人組合員が自由に相談できました。しかし日本語を話せるビルマ人は少なく、たとえ話せても訴えたいことをうまく伝えるのは難しく、日本語の通訳をするビルマ人が常に必要でした。

2　医療通訳者になる

❖医療相談にかかわる

組合では労働にかかわる相談だけではなく、健康や生活の相談もたくさん受けました。あるとき、妊娠5か月の若い女性が相談に来ました。彼女とパートナーは二人とも在留資格がなく、とても結婚できる状況にはありませんでした。彼らは悩んだ末に最終的に中絶を選択しました。私は中絶を引き受けてくれる病院を探し、やっとのことで見つけました。陣痛の際、彼女が苦しんでいる姿を見ると私も辛くなり、看護師さんに「痛み止めの注射をしてあげられませんか」とお願いしました。すると、「お腹にいる赤ちゃんも必死に生きようと抵抗しているの。そのための痛みよ」と、強い口調で怒られました。それを聞いて、私も胸が痛くなりました。私たちは中絶のことで頭がいっぱいで、命の大切さを忘れていたことに気づかされたのです。

私は悔やみました。なぜ、こんな考えしかできなかったのか。必要な知識を得られない環境で育ったことが原因ではないか。学ばなければならない、学ぶ場を作らなければならないと痛感しました。組合の支援者である山村淳平医師に相談したところ、協力してくれる助産師さんと看護師さんが見つかり、組合の主催で医療を中心とした勉強会を何度も開くことができました。

写真：女性の身体と健康を知るためのビルマ語での勉強会。
撮影：在日ビルマ市民労働組合。

❖言葉さえ通じれば

勉強会で得た知識をもとに独学を続けるうち、数か所の病院で通訳の手伝いをする機会を得ました。ある病院で、患者さんの一人に、肺炎を起こし救急車で運ばれたものの、言葉が通じないために治療が間に合わず、死亡したビルマ人がいました。言葉さえ通じていれば助かったかもしれない。この経験から、私はさらに医療通訳の重要性を感じました。

通訳の難しさを考えさせられる例もありました。他のビルマ人が通訳をした患者さんに私が付き添った際、看護師さんがカルテを見ながら「血液検査のとき、アルコール消毒は駄目ですね」と再確認しました。私は本人に「以前、そのように答えましたか?」と聞きました。すると本人は「アルコール消毒は大丈夫です」と答えました。このとき、聞き間違いに気づいたのです。ビルマでは仏教の教えでお酒を飲まない方がいるので、アルコール消毒とアルコールを飲むことを勘違いし、「アルコールは駄目です」と答えたようです。このように、患者さんが言っていること、お医者さんが言っていることをただ字句どおりに通訳することだけが通訳者の役割ではなく、母国の環境、生活習慣、文化を踏まえたうえで伝えることが大切だと気がつきました。

あるとき、山村医師から「友人の医師がクリニックを開院するので、ビルマ人通訳として手伝いませんか」と声をかけていただきました。そのとき、私は仕事をしていなかったので、タイミングが合い、引き受けました。初めて医療機関で働く不安もありましたが、気配りと優しさを忘れずに自分らしく働けば大丈夫、と飛び込んでみました。

❖高田馬場さくらクリニックへ

私が勤めているクリニックを紹介します。日本国内ではビルマ語で受診できる唯一のクリニックです。診療科は整形外科と内科があります。色とりどりのさくらの花びらが舞う地球の形のロゴマークがクリニックの目印です（第12章参照）。スタッフは、チームリーダーである院長のほか、医師、医療事務、通訳、一般事務、看護師、看護リハビリ助手、放射線技師、理学療法士、作業療法士です。

スタッフは患者さんを笑顔で迎え、国籍に関係なく温かく接するよう心がけているので、一人で来院しても孤独に感じることはありません。院内は診察室1と2、レントゲン室、処置室、リハビリテーション室があり、それぞれドアの色が違います。どのような方でも色を目印に動きやすくするためです。ビルマ語の通訳は月、水、木、土曜日ですが、水曜日の午後は週に一度の内科があり、ビルマ語以外の通訳の用意もあるので、ビルマ語、タイ語、ネパール語、スペイン語、英語、日本語がクリニックの中で溢れ、まるで海外にいるような感じになります。私は整形と内科の診察室を行ったり来たりと走りまわります。神経を使うので、いつも水曜日の午後は疲れて頭も痛くなりますが、患者さんが自分で解決できないことを相談し、治療を受けて帰る姿を見るのはとても嬉しいことです。こちらに来てほっとしたと言ってくれたり、受診した人がほかの人にもすすめてくれたりすると、頑張らなくてはと思います。

3　医療通訳者の仕事

❖整形外科での通訳

整形外科での説明では、痛みを表現するのがとても難しいです。ちくちくする痛み、針で刺すような痛み、虫に刺されるような痛み、ガンガンする痛み、ひりひりする痛みなど、ビルマ語から日本語へ、日本語からビルマ語へと伝えるのは一苦労です。怪我の痛み、歯の痛み、やけどの痛みなど、日常で使用する表現を日本語とビルマ語を照らし合わせて覚えていきました。

気候や環境、生活様式の違いから、来日したビルマ人が初めて経験する痛みもあります。長時間の立ち仕事で踵が痛くなる人、不慣れな生活のなかで言葉も通じず、肩こりになる人、慣れない靴を履くことによって、巻き爪や外反母趾になる人もいます。そういった背景を踏まえながら、一つずつ通訳をしていきます。

通訳に求められるのは、医師とのコミュニケーションだけではありません。運動器リハビリテーションでも、動き方、姿勢、呼吸方法、自宅で行うセルフケアなど、先生が患者さんに伝えたいことをすべてビルマ語に訳し、効果的な治療につながるよう努めています。治療用装具を作るときも、正しい位置で正しい装具を作るため、装具屋さんの指示を患者さんに的確に伝えます。

ビルマ特有の難しさに直面することもあります。たとえばビルマでは、仏教の教えで男性の頭に触ることはできません。そのため、診察時に頭や肩を支えるときは「すみません、触ります」と伝えてから支えます。電気治療のようにビルマにはない治療は、怖がる患者さんが安心して受けられるようわかりやすく説明します。また、ビルマでは膝の関節注射は骨がボロボロになるという噂が昔からあります。これも、受け入れてもらうために丁寧な通訳が必要になります。

❖内科における通訳

内科の通訳は毎回分野が違うので、整形外科と違った難しさがあり、注意が必要です。

日本に生活するビルマ人は、飲食店で働いている人が多く、遅い時間に帰宅し、食べてすぐに寝るという生活をしています。その結果、胃もたれや胸やけの症状で来院される人がいます。また、ビルマでの塩分や油が多い食生活を日本でも続けていたり、野菜が不足したり、お酒を飲み過ぎたりといった問題もあります。そのような習慣が、高血圧や高脂血症、高血糖、脂肪肝や痛風などの要因にもなっています。

ビルマではあまり健康診断を受ける習慣がありませんが、生活習慣病を早期に発見すれば、予防に取り組むことができるので、毎年受けに来るよう働きかけています。健康を維持するためには日常生活を改善する必要があることを、きちんとビルマ語で伝えることによって、患者さんも指導を守り、良い結果が得られるようになりました。栄養指導はパンフレットを作成し、自宅でも確認しながら食生活を送れるよう工夫しました。

❖日本の医療制度を説明する

日本の医療制度についても説明しなければなりません。とくに国民健康保険制度については、ビルマには制度自体がないため、月々払う保険料を高いと感じる人もいます。最初は支払ったものの、その後「今は病気ではないため、払いません」と拒否する人もいます。一方で、医療費の支払いが高いので、健康保険に再び入りたいという人もいます。保険制度の意義を正しく理解していないために、保険料の支払いを無駄だと思う人も多いようです。医療保険制度のない国から来た外国人には、まず国民健康保険制度のことを詳しく説明する必要があると思います。

おわりに――クリニックのスタッフとともに

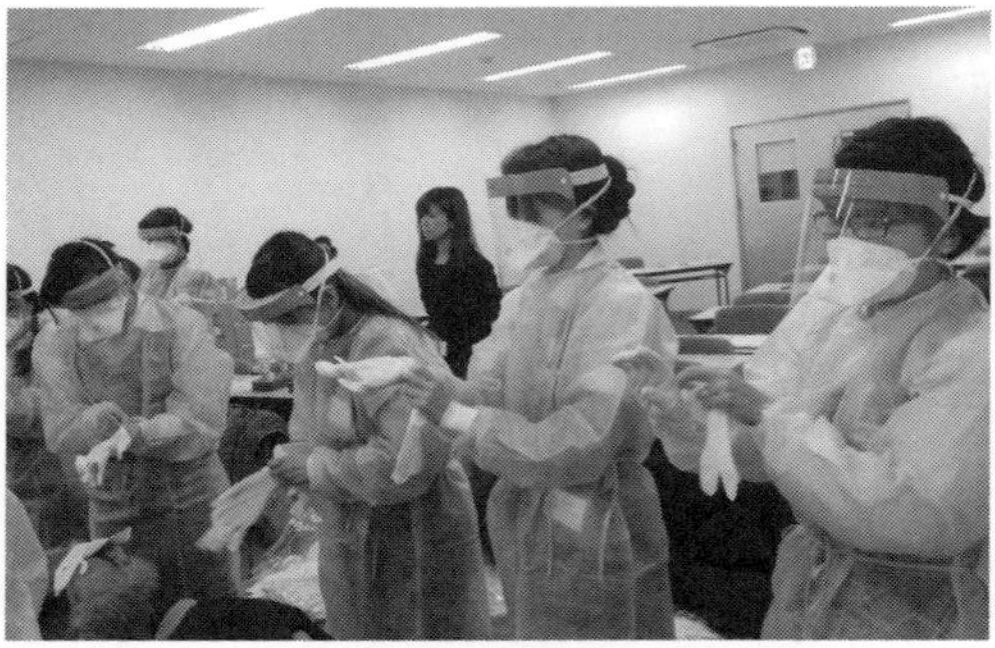
写真：感染症対策の勉強会。
撮影：高田馬場さくらクリニック。

クリニックでは毎日のように、勉強会を行っています。医療制度について、特定の疾患や薬について、接遇について、海外の医療についてなど、内容は多岐にわたります。参考書を用いたり、講師を招いたりしながら学んでいます。感染防御実習のような外部の研修も利用します。スタッフがそれぞれの経験をもとに意見を出し合いながらともに学びます。通訳者に必要なこと（守秘義務、プライバシーの尊重、中立性など）も、この勉強会を通して数多く学びました。

私たちは患者さんの病気を治すだけでなく、話をきちんと聞き、優しい心をもって接し、クリニックが心身ともに落ち着く場所になることを目指しています。これからも、外国人も日本人も通いやすい場所、お互いが尊重される場所、国内にいながら外国の文化に触れることができる場所であり続けたいです。

第14章 人のいのちに国境はない
――日本で作業療法士・医療通訳者として働きながら

塩田　渡留侍　*Dorjee Shiota*

作業療法士、医療通訳者

チベット人の両親から生まれる。ネパールで育ち、2002年来日。城西大学卒業。在学時に日本語弁論大会最優秀賞受賞。また郡山健康科学専門学校在学時にも市長賞を受賞する。卒業後、東京リバーサイド病院を経て、現在は葛飾リハビリテーション病院、高田馬場さくらクリニックにて日本で初めてのネパール語、チベット語、英語などの多言語作業療法士として活躍中。

はじめに

皆さんの夢は何ですか?

グローバル化がますます進む今日、専門知識を学ぶために海外へ留学したいと思っている人、自分の興味を仕事に生かし、世界を飛び回って活躍する未来を思い描く人も、たくさんいることでしょう。

一方、そうした希望をもつ多くの外国人が、夢を叶えるために日本へやってきて、学び、働いていることを、どう思いますか?

実は、私もまた、夢を抱いて日本へやってきた一人です。日本で専門医療を学ぶ日々のなかでは、苦しかったこと、理不尽に思ったこともありました。しかし、それ以上に嬉しかったこと、感謝したことがありました。まさに、「七転び八起き」という諺そのものの人生です。

本章で私がお話しするのは、私が日本の大学と専門学校で学び、国家試験に合格して作業療法士になるまでの経緯と、現在の作業療法士としての仕事、とくに日本語が十分に通じない患者さんへの治療で心がけていることです。私のささやかなエピソードが、これから世界へ羽ばたく皆さんの参考になれば嬉しいですし、日本が大志を抱く世界中の人々を惹きつける国になることを、またそんな日本を皆さんが誇りに思ってくれることを、心から期待しています。

1 医療と福祉を学びたい！

私はネパールで生まれ育ちました。両親はともにチベット人です（写真）。来日は2002年、医療や福祉について学びたいと思い、留学生としてやってきました。最初に入学したのは城西大学で、日本語と日本文化を学びました。大学では、多くの先生方や友達に支えられ、また大学の留学生会の会長も務めるなど、充実した生活を送ることができました。この大学生活で「日本でやっていける」という自信を得られたように思います。

写真：筆者の家族。長いマフラーのような「カタック」をかけているのが筆者（右から2人目）と妻子。カタックは慶事の喜びや感謝を示すときなどに贈られる。筆者の母（左から3人目）が身に着けているカラフルな前掛けのようなものは「パンデン」と言い、既婚者を意味する。

❖学校に入れない!?

しかし、大学を卒業してすぐ、私は壁にぶつかります。念願だった医療・福祉系の学校に入り、専門的な勉強をしたいと思ったものの、現実には留学生というだけで入学できなかったのです。法律や制度によって、門戸が閉ざされていたわけではありません。どうやら、発展途上国からの留学生ということで、「学費が払えないのではないか」「日本語の授業についていけないのではないか」などと懸念されたようです。入学すら許されない現実はとても悔しく、私は「学びたい！」という一心で関東圏の学校を探して回りましたが、とうとう1校も受け入れてもらえませんでした。

振り返ってみると、当時は現在よりも医療系の留学生が少なく、とくに日本の国家資格を取得しようという人は非常に珍しかったので、学校側でも留学生の受け入れ経験が乏しく、体制も整っていなかったのかもしれません。

❖福島へ

それでも夢を諦められなかった私は、国籍に関係なく入学できる学校を探し続けました。すると、ある日、アルバイト先の病院の院長と事務長が、福島県郡山市にある郡山健康科学専門学校へ問い合わせ、私を紹介してくださいました。

「まずは、お会いしてお話ししましょう」。その言葉を受けて、私は直ちに郡山へ向かいました。面談の結果、「勉強についていけるなら」と入学を許可してくれました。もちろん、留学生だからといって特別待遇はありませんので、後日、試験を受けました。合格発表の通知が届き、慌ただしく郡山へ引越し。こうして、郡山での私の新たな生活がスタートしました。

郡山健康科学専門学校では、大勢の学生のなかで留学生は私一人でしたが、学校長はじめ先生方や友達の協力のお陰で勉学に励むことができました。何より、学びたかった医療・福祉について勉強できるということが嬉しくてたまりませんでした。ところが、ある日、私は学校の帰り道で交通事故に遭ってしまいます。手術とリハビリのために半年間の入院を余儀なくされ、結局、1年間休学することになりました。何という不運でしょう。私はひどく落胆しました。しかし、やがて考えを切り替えます。何しろ、私はそこで、自分が学ぼうとしていた日本の医療を実体験することができたのですから！　文字どおり、医療の素晴らしさを体感する半年間でした。このときの「患者」としての体験が、現在の「医療者」としての私に大いに役立っていることは、言うまでもありません。また、「今まで以上に勉学に励み、将来は作業療法士として患者さんの役に立ちたい」という気持ちがいっそう固まったのも、この時期のことでした。

幸い、病院のスタッフと家族、友達の支えがあって、私は手術とリハビリを乗り越え、無事に退院することができました。多額の医療費で学費や生活費が厳しくなり、退学も考えましたが、「学びたい！」という気持ちを諦められず、先生や友人・知人に相談した結果、日本学生支援機構の奨学金、民間病院の奨学金、兄夫婦、現在の妻の両親からも援助を受けて復学するができました。本当に多くの方々に支えられました。私のことを熱く応援してくださる方が数多くいたことに、今でも感謝しています。

❖地元での交流

休学期間も含め、私は郡山で約5年を過ごしました。勉強に追われる毎日ではありましたが、折々に地元の人々と楽しく交流する機会も得られました。ネパールからの留学生が珍しかったこともあってか、市役所の国際交流センターを通して、市内の学校や一般の主婦の方々から「チベットやネパールの文化や言語について教えてほしい」と講師を仰せつかったこともありました。ラジオ福島に出演するという貴重な経験もさせてもらいました。こうしたことが、お子さんから年配の方まで地域の人々と交流する良い機会になりました。また、彼らとの交流が、私を「皆さんのお役に立ちたい！」

「恩返しをしたい！」という気持ちでいっぱいにし、苦しい試験勉強を支えてもくれました。

2 プロになる！

卒業試験と作業療法士の国家試験に合格した私は、いよいよ作業療法士としてのキャリアを開始するべく、東京に向かいます。最初は荒川区にある東京リバーサイド病院に勤め、その後、葛飾区の葛飾リハビリテーション病院へ移って病棟リハビリを担当しています。そのほか在宅医療として訪問リハビリもやっています。また新宿区の高田馬場さくらクリニックでは外来リハビリを受け持ち、日本人患者さんだけでなく日本語でお困りの外国人患者さんのリハビリや医療通訳にも携わっています。

❖作業療法士とは

現場での仕事についてお話しする前に、作業療法士（Occupational Therapist: OT）について簡単にご紹介しておきましょう。まずはじめにリハビリテーションについて皆さんはご存知でしょうか。人間は、病気や外傷によって身体的あるいは精神的な障がいが起こると、本来ごく自然に行われていた家庭的・社会的生活が制約されるようになります。こうした障がいのある人に対して残された能力を最大限に回復させ、また新たな能力を開発し、自立性を向上させ、積極的な生活への復帰を実現するために行われる一連の働きかけ、これがリハビリテーションです。

リハビリテーションの現場で働く作業療法士の仕事は、心身に障がいをもつ人々が、日常生活や社会生活を再建できるように心身機能の回復を促し、身の回りのことを主体的に対処できるように治療・援助していくことです。その最大の目的は患者さんが社会へ適応できるように残された能力（残存能力・潜在能力）を実際的な活動を通じて最大限に引き出すことです。つまり、仕事や社会生活に必要な問題解決能力、学習能力および対人関係能力を向上させ、自立生活や職場復帰を目指すのです。患者さん本人とご家族のほか、医師・看護師・介護福祉士・医療相談員・栄養士・薬剤師などと相談しながら、それぞれの患者に合う治療を考え、訓練を行います。

❖作業療法士としての夢

私の将来の目標は、チベット、ネパール、インドなど、まだリハビリテーション医療が十分に普及していない国々で、リハビリの大切さを教えることです。また、こうした国々と日本との架け橋にもなりたいです。リハビリは、全世界・全人類に共通するアプローチですから、きっとできることがあるはずだと考えています。

3　心と心、個性と個性で接する

治療の現場で、私が最も大切にしていることは、患者さんとその家族の立場を考慮しながら、思いやりの気持ちをもって寄り添うということです。患者さんが抱えている身体的な問題だけでなく、心の問題にも耳を傾け、支援するようにしています。言わば、「身体の緊張」より「心の緊張」をほぐすことに重点を置いて、患者さんのリハビリを考えるのです。

たとえば、患者さんと初めてお会いするときには、当然ですが自己紹介をします。私はそのとき、自分の故郷についても話すようにしています。チベット系ネパール出身の作業療法士なんて日本では珍しいですから、患者さんが日本人の場合でしたら、さまざまな質問をしてきます。外国人の患者さんでしたら、自分の故郷について語ってくれる方もいます。すると、患者さんとの距離も自然と近づきます。「心が開けば、身体も動く」のです。

このようなかかわり方がよかったのか、今まで患者さんからリハビリを拒否されたことがありません。他の担当療法士がリハビリを拒否されて困ったときに、私が参加してスムーズにいったケースが何度もありました。

❖個人と向き合い、回復を信じる

他の医療行為と同じく、リハビリテーションにも「どの患者にも通用する、たった一つの正解」などというものはありません。むしろ、ある理論に基づく治療法がAさんに効果的であっても、同じ症状のBさんには別の理論のほうが有効というケースが往々にしてあります。理論や技術を学ぶことは、視野を広げ評価基準を多様化できるからこそ意味があるのであって、知識や考え方の偏りが生じてしまうと、作業療法士としての能力の幅を狭めることになってしまいます。ゴールへの手段は決して一つだけではなく、作業療法士は、接する患者さんの状態や個性に応じて、柔軟に対応しなくてはならないのです。

そして一番大切なのは、いかなる重症の患者さんであっても回復の可能性を信じ、思いやりの心を忘れず、日々向き合っていく精神だと、私は確信しています。

❖「生活の質」という考え方

私は「訪問リハビリ」も行っています。これは、通院できない患者さんのために自宅を訪問し、日常生活に必要なさまざまな動作のリハビリを行うものです。

入院中にできたことが自宅では難しくなる、逆に自宅に戻ったらできることが増えた、といったこともあり、「生活の質（Quality of Life）」を高めるために、病院とは違った療法が求められます。

私が訪問リハビリで最も意識しているのは、「ご本人は何を望んでいるのか？」という点です。在宅でのリハビリテーションは、単に関節が何度動くとか、麻痺がどうという話ではなく、「生活そのもの」「生き方そのもの」が問題なのだと痛感します。私たちの役目は、患者さんの「生活」をどう継続していくか、その質をどう高めていくかを、患者さんやそのご家族と一緒に考えることです。

まさに「心が開けば、身体も動く」であり、生きる動機を高め、在宅生活を継続するためにも、定期的に外部から刺激を入れ、心身をバックアップする、とても大きな役割を担っていると言えます。

4　医療現場の多文化化

❖患者の多文化化とどう向き合うか

「医療現場の多文化化」には、大きく「医療従事者の多文化化」と「患者の多文化化」とがあると思

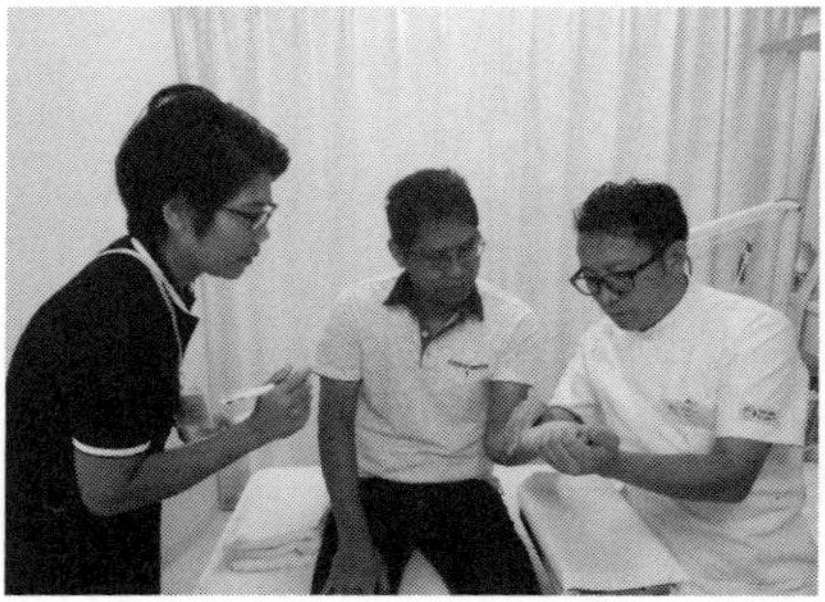

写真：高田馬場さくらクリニックにて医療通訳者を媒介した在日外国人患者さんのリハビリテーション治療の場面。

いますが、前者は私や前章のテンテンさんの物語を一つの考える契機にしていただければ幸いです。ここでは、より喫緊の課題である「患者の多文化化」について、私の体験と心構えをお伝えします。

近年、日本に滞在する外国人が増えるにつれ、当然ながら医療機関にかかる外国人患者さんも増加しています。医療や介護福祉の現場でも、日本語を母国語としない患者さんと接する機会がますます増えることでしょう。

たとえ日本語を流暢に話す患者さんでも、医学用語やリハビリテーションの流れなどの込み入った内容について、日本語ですべて理解できるとは限りません。私たちが外国人の患者さんを治療する際には、普段行っているインテーク（最初の面接・相談）の質問以外に、日本に住んでいる年数や普段の生活習慣についても聞き取りながら、どの程度の日本語ならわかるかを判断します。また、母国語と日本語以外に理解できる言語があるかどうかも確認します。相手の日本語スキルに合わせた説明を心がけることが、インフォームドコンセントを積み上げていくうえで、非常に重要になります。

私の場合、日本語以外にチベット語、ヒンディー語、ネパール語、英語の簡単な日常会話ができるので、業務上は役に立つことがたくさんあります。

おわりに

外国人の患者さんにリハビリテーションの用語や流れを理解してもらう場合、最も理想的な方法はその方の母国語に通訳することです。しかし、すべての国の言葉に対応できるだけの語学力を習得したり通訳を配置したりすることは難しいでしょう。それでも、日本語がある程度できる患者さんとはさまざまな工夫をすることでより良いコミュニケーションがとれるようになります。日本語が読める患者さんには、簡潔に要点をまとめて箇条書きにします。日本語は主語を省く傾向があり、何気ない会話でも外国人の患者さんにはわかりづらいことが多くあります。私は主語をはぶかず、ゆっくり、はっきりと短い文で伝えるように心がけています。そして、イラストやジェスチャーも積極的に取り入れるようにしています。いずれにせよ、相手にしっかりとわかってもらうにはどうすればよいかを常に考えながら、患者さんと向き合うことが最も大切だと思います。

最後に、私から皆さんへ一言。「希望があるところに、光あり」。どんなに辛く厳しいときでも、希望を捨てないでください。生きる気力をなくさないでください。決して諦めず、コツコツと継続して頑張ることが最も大切だと思います。そして、出会いを大切にし、他者に思いやりの心で接してください。

第15章 国際医療の現場と医療リテラシー

――地域で活躍するリーダーの育成

堀　成美　*Narumi Hori*

国立研究開発法人国立国際医療研究センター国際診療部医療コーディネーター（看護師）／感染症対策専門職

東京学芸大学大学院博士課程満期単位取得退学（教育学修士）。国立保健医療科学院健康危機管理コース修了（Master of Public Health）。看護師として民間病院、公立病院に勤務。公立病院時代（１９９０年代）から滞日外国人の医療問題にかかわる。２０１３年より現在の職場に勤務。２０１５年4月に新設された国際診療部に医療コーディネーター併任となり、患者・家族およびスタッフの支援を行っている。

はじめに

もともと定住の外国人が多かった新宿ですが、国が観光客や留学生、研修生を含めて訪日外国人の誘致に積極的に取り組み、また円高や短期滞在資格の緩和などを行っているなかで、日本滞在中に体調が悪くなる人も増えています。人数がさほど多くないころは軽い症状やケガの方が中心でしたが、昨今のように元気な若者から赤ちゃん、もともと病気のある超高齢者までとなると「病院に急いで行かなきゃ！」となる案件も増えるわけです。

病院は人種や国籍・言語にかかわらず、必要とする人に医療を提供していますが、患者さんが外国人の場合は日本人とは異なる課題があります。本章では、外国人の患者さん・ご家族、そして医療者や地域の方にとっても安心・安全の医療となるための取り組みを紹介させていただきます。

1　「国際」病院に「国際」診療部ができた背景

私たちの病院、国立国際医療研究センターは、歴史をたどると江戸城の一角からスタートしました。1871年に軍医寮附属病院であったときは麹町にあり、現在の場所に移転をしたのは1929年で、尾張徳川家屋敷の土地につくられました。以後、何度か組織の運営形態や名称の変更があり、途中で病院名に「国際」の2文字が入りました。このときの「国際」は、発展途上国の保健医療のレベルを上げるための支援活動を意味しており、「内なる国際保健」問題に特別な取り組みをする計画があったわけではありません。ただ、もともと外国人の患者さんは多い土地であり、海外での医療支援活動経験のある医療者が帰国後に勤務先として選んでいたことなどから、他の病院に比べると外国人患者の受け入れについての心理的抵抗感は少なかったかもしれません。しかし、時代が大きく変わり、「他の医療機関では対応できない患者さんをなんとか受け入れる」というレベルから、「安全・安心の医療」を提供しているのかが問われる時代になりました。さらに国は「高度な医療を世界の人にも提供する」という目標を掲げ、海外から日本の健康診断や最先端治療を求めてくる人を受け入れる体制を整備せよ、と言っています。「そうか、日本の技術が世界に認められるんだな」という誇らしい側面もありますが、「そもそも日本人を対象とした医療で医師や看護師の不足、病院アクセスが問題になるなか、外国人をどのように受け入れればよいのだろう?」という困惑が現場には生じています。私たちの病院に国際診療部ができたのはこのような空気のなかでした。外国人の患者さん・ご家族の不安は何なのか。外国人の患者さんの診療を行う病院スタッフはどんなことに困っているのか。それを明らかにして問題を解決していくことをミッションとして国際診療部の活動が始まりました。

2 国際診療部と医療コーディネーター

国際診療部がスタートしたのは2015年4月です。国際診療部と言っても特定の診察室に外国人の患者さんを集めているわけではありません。患者さんの病状に合わせて必要な医療を受けられるように調整をしています。2016年8月現在は、併任の医師が2名いて、他の診療科への相談の窓口になっています。新たなポジションとして院内に配置された医療コーディネーターが4名います。医療コーディネーターという名称は病院以外でも使われており、業務も組織によって異なります。当院の場合はもともと急に具合が悪くなって受診する患者さんを受け入れることが多いため、まず最初に話を聞いて医療上の問題を整理するコーディネーターは全員が看護師の資格をもっています。順に紹介しましょう。

看護師F：もともと航空会社勤務の経験があり、健診情報管理指導士（人間ドックアドバイザー）の資格をもつ保健師です。学生時代から難民医療や多様な宗教などに関心をもっています。

看護師T：社会人経験の後に看護師になり、アメリカ留学後にアメリカ看護師免許も取得。外国人医療に関心をもって当院に就職をしました。

看護師O：もともと国際医療協力分野で活躍していた助産師で、妊婦や新生児のケア、女性の健康や子育てについても異文化の対応に慣れています。

そして、私もコーディネーターの一人です。都立病院勤務時代に得た外国人の医療支援の枠組み（非営利団体との連携や海外の医療者とのネットワーク）を現在の外国人医療に生かしています。4人に共通しているのは、もともと自分自身の海外経験から、多様な文化や人に接するのが好き、そして大変なことがあっても「なんとかなる」と諦めない精神です。新しいことを進めていく際には課題も多いので、この「5S」——Safe（安全）、Support（支援）に加えて、Strong, Sensitive, Smile——が重要だね、と毎日確認しながら仕事をしています。

3 コミュニケーションに不可欠な医療通訳の手配

外国で病気になるというのは大変辛いことですが、その辛さを伝えることができない、わかってもらえないとしたら、さらに苦しい思いをしなくてはなりません。コミュニケーションや通訳の重要性は言うまでもありませんが、そもそも日本人同士でも医師と患者の会話はとても微妙です。多忙な外来で十分話ができなかったと思う患者さんもいますし、あの人ウンウンうなずいていたけど本当にわかってたのかなぁ、と思うこともしばしばです。外国人の場合はここに言語の壁が立ちはだかります。コーディネーターとしての最初の仕事は、医療者や患者さんに遠隔通訳の存在を知ってもらい、活用をしてもらうことでした。

病院として外国人患者の受け入れ体制を整えようということになり、5か国語の電話通訳を契約したのは2014年でした。英語・中国語・韓国語・スペイン語・ポルトガル語です。しかし、職員に十分伝わらなかったため、あまり利用されませんでした。利用されていないということは、患者さんや医療スタッフが言語で困っていたということを意味します。現在は図表15－1のような資料を各病棟や外来に配布をし、利用率も上がっています。図表15－2は患者さん・ご家族向けの院内掲示ポスターです。

電話通訳は利用状況を見るとほとんどが英語と中国語、そして夜間や土日の利用が多いことがわかりました。韓国語の利用が少ない理由は二つあり、もともと定住している韓国系の方は日本人と同じように日本語を話せたり、話せる親類や友人と来院をしているからです。また、韓国から観光や仕事

図表15－1　言語サポートの資料

国際診療部　言語サポート
E-mail support@hosp.ncgm.go.jp

日本語での理解が難しい患者さん・ご家族には
言語サポート支援を活用しましょう

契約電話通訳（24時間対応）

英語・中国語・韓国語・スペイン語・ポルトガル語

① ××××××【外部秘】に外線電話をかける
② 医療機関名（診療科）と希望言語、患者IDを伝える
★間があくときは一度切ってかけなおしましょう

上記５か国語以外の遠隔通訳の調整
（IC等を行う際に事前予約をしてください）

ベトナム語・ヒンディー語・ネパール語・ミャンマー語・モンゴル語・フランス語・ロシア語 、その他の言語についてはその都度調整。

国際診療部コーディネーターに連絡を
PHS 4433／4489／4483
support@hosp.ncgm.go.jp

対面での語学サポート

医事課	8：30～15：00	英語（5640）・中国語・韓国語
会計	8：30～17：15	英語（4040）
国際診療部	8：30～16：00	英語（4433/4489/4483）

国際診療部　月～金　8:30～16:00　2016年4月

（表面）

国際診療部　言語サポート
E-mail support@hosp.ncgm.go.jp

外国人対応マニュアルや外国語での同意書はどこにある？

MegaOakの左「外国人対応」にあります。

患者さんが食事の配慮を希望している

栄養管理室　食数担当（内線2032）へ連絡を。
宗教上の配慮にも対応したメニュー「さくら食」の準備があります。

患者さんが医療費の支払いを心配している

・日本の保険（健保・国保）を持っている場合は、高額医療等の制度も活用できます。病棟担当のMSWに相談をしましょう。
・日本の保険のない短期滞在者（旅行者等）の場合は、旅行保険/医療保険の有無、クレジットカード情報の確認をし、確実な支払いにつなげます。
日本語対応：医事課（5103）
外国語対応：国際診療部（4433/4489/4483）

患者さんが英文診断書、飛行機搭乗許可証を希望している

・英文診断書/診療情報提供書は主治医が作成します（費用 10,800 円）
・飛行機会社等に提出する英文資料についてご不明な点がありましたら国際診療部にお問い合わせください。

患者さんが退院時の支払額を知りたがっている

・退院前日までに入院費用の概算の説明をクラーク等が行います（HP記載説明事項）
★土日に退院の場合、オーダー入力の時間にご注意ください。
平日の会計担当者が算定できないと患者さんが会計できず、未収になるリスクがあります。

国際診療部　月～金　8:30～16:00　2016年4月

（裏面）

図表15－2　電話通訳のポスター

国立研究開発法人
国立国際医療研究センター病院
NCGH National Center for Global Health and Medicine

電話通訳のご案内

Telephone interpretation　电话传译　전화 통역　Interpretación telefónica　Interpretação por telefone

国立国際医療研究センター病院では、受診される患者さんの支援のため、24時間対応の電話による英語・中国語・韓国語・スペイン語・ポルトガル語の通訳を導入しています（無料）。個人情報は厳守されます。最寄りのスタッフにお声掛けください。

A free and confidential telephone interpreter services is available, 24 hours, 7 days a week. Ask the staff to arrange an interpreter for you.

我們可以安排每星期七日,每日二十四小時的免費及保密的电话翻譯服務
請要求職員替您安排翻譯員。

무료이며 비밀이 지켜지는 통역 서비스가 주 7 일, 24 시간 이용가능합니다. 당신을 위해 통역사를 마련할수 있도록 직원에게 요청하십시오.

Servicios de interpretación telefónica gratuitas y confidenciales están disponibles 24 horas, 7 días a la semana. Pide al personal para organizar un intérprete para usted.

Serviços gratuitos e confidenciais de interpretação de telefone estão disponíveis 24 horas, 7 dias por semana. Pergunte ao pessoal para providenciar um intérprete para você.

ご不明な点は　国際診療部までお問い合わせください
International Health Care Center(ICC)
Phone 03-3202-7181　Coordinator 4433, 4489, 4483　E-mail support@hosp.ncgm.go.jp

で来る若い世代の方は英語が上手な方が多いので、英語で医療者とやりとりをしているということがわかりました。スペイン語やポルトガル語の需要の大きな地域は各地にありますが、新宿ではさほど大きくないことがわかりました。課題はこの5か国語以外です。コーディネーターは医師や看護師から通訳手配の依頼を受けて、各国語の通訳を調整しています。現在、依頼が多いのはベトナム語、ネパール語、ミャンマー語です。あらかじめ登録をしていただいた方に電話やインターネット画面を使って通訳をお願いしています（2016年11月からは対応言語が13か国語となりました）。

4　医療通訳は誰のため？

電話通訳の存在を職員や患者さんたちに知ってもらい、その利用が増えているのはよいことなのですが、一点課題があります。それは通訳をしてくださる方への謝礼の支払いです。当院の場合は、電話またはインターネットを使っての「遠隔通訳」を利用することにしているため、開始時間と終わりの時間が明確ですが、遠方から病院に来てもらわないといけない場合は移動の時間をどうするのか、予約をした時間に患者さんが来なかったらどうするのかといったことも課題です。これまでの外国人医療の通訳は、非営利団体や熱意のあるボランティアの方が支えてきた経緯があります。しかし、国が「安心・安全の医療を提供せよ」「最先端の医療を産業として提供せよ」というなかで、この重要な役割の人たちへの謝礼やサポートが十分とは言えない状況があります。医療機関は「予算がない」と言い、患者さんも医療費に加えて通訳費用まで負担する余裕がない人もいます。当院では検討の末、病院が全額負担をすることになりました。

そもそも通訳は誰のためのものでしょうか？　私たちの病院では、患者さん・ご家族のためでもありますが、医療者そして病院のためでもあると考えています。不十分な理解やコミュニケーションのまま医療を行ってミスや事故が発生した際には、もちろん責任を問われます。ミスや事故というのは医療の現場ではゼロにはできないのですが、「ゼロにする努力をしていたのか？」が問われます。より適切な医療のために、スタッフを守るために病院の経営管理部門がこのことにコミットすることは重要です。「現場の努力でやれ」と言われてできるものではありません。外国人患者の受け入れ環境整備の際に避けて通れない通訳の問題は、各病院の特性やニーズに応じて決めればよいことですが、患者さんや家族だけでなく、スタッフも安心して医療を行えるように整備することがカギであると考えています。

5　外国人患者が増えると未収金が増えるという誤解

外国人患者の受け入れ環境整備の際に医療通訳の問題とセットで語られるのは「未収金（未回収債権）」の問題です。外国人の患者が受診した後に、支払わないで帰ってしまった、支払えないと言って困っているといった案件は各地で発生しています。「だから外国人はなるべく診たくない」という意見も聞きます。しかし、国際診療部の医療コーディネーターとして活動を始めてすぐ気づいたのは「病院側」の問題でした。

私が都立病院で仕事をしていた1990年代は、滞在資格の期限が切れた、いわゆるオーバーステイの状態で日給で働いている外国人もいて、健康保険もないなかで高額な医療費を支払えないという事例も少なくありませんでした。しかし、最近はこのような人は激減しており、留学生や就労、研修などで来ている人たちは日本人と同じ会社の健康保険や国民健康保険に加入をしています。このような人たちは、高額療養費の制度など日本人と同じように医療サービスを受けることができます。通訳を介して手続きを説明すれば、ご本人の負担も減って支払いがスムーズになります。

増加中の観光客はどうでしょうか。欧米から来る方の多くは「旅行保険」や海外の医療もカバーする「医療保険」に加入しています。つまり、全体として「支払える」外国人が増えているのです。支払えるのに支払わせてもらえないケースを紹介しましょう。

当院では、初診の手続きの際に加入している保険があるかをすべての外国人患者さんに確認しています。加入している場合は保険会社に連絡をしてもらい、これから行われる診療について費用を支払ってもらえるよう確認をとります。

医療コーディネーターは診療の内容やかかる費用の概算を説明し、医師に診断書の作成を依頼することで、患者さんが自己負担しなくてよいように支援をしています。このような制度は私たち日本人が海外に出かけたときにも活用している制度です。保険会社が紹介する言葉の通じる病院に行き、その際の医療費はキャッシュレス、保険会社が払うので自分で支払わなくてよいという仕組みです。当然、保険に加入している外国の方は同じ対応を期待しています。しかし、日本の病院には「現金かクレジットカード以外はダメ」というところもあったり、日本語の通じる代理店とは手続きのやりとりをしてもよいが、英語で直接海外の保険会社とやりとりはしない（できない）というところもあります。

「グローバル化」はこのような支払い方法のスタンダードについても求められています。ここは日本だから日本式にやれ、というだけではどうにもなりません。このような支払いにも対応をするのか、最初から現金やクレジットカード以外の患者さんはお断り、とするのか。会計の際にもめないよう、受診手続きの段階で、支払い方法を確認することを他の医療機関の方におすすめしています。

6　多様な文化についての学びと実践

２０１５年に国際診療部の医療コーディネーターが支援を行った外国人の患者さんは５８５例でした。一人に数回かかわることもあるので、延べでは１０００件を超えています。病院全体ではどれくらいの外国人患者さんが受診をしているのかについての詳細なデータがありませんが、新規外来患者さんの３～５％、入院患者さんの４～６％と推計されています。このなかには、イスラム教の患者さんもいますし、ベジタリアンの方もいます。国際診療部では、食事を提供する部門に早くから相談を行い、現在はハラル対応の食事も提供できるようになりました。

最初は国際診療部と栄養科で「ハラルって何？」を学ぶところから始まりました。多くの職場でもそうだと思いますが、新しいことの提案は多忙な現場では敬遠されがちです。しかし、さすが「国際」医療センターのスタッフ。「外国人の患者さんは確かに増えているし、今後も増えそう。日本の病院でも対応が必要になりそうよね。だったらうちがそのモデルを提案していきたいよね」と前向きな話になり、あっという間に準備が進みました。

予算の関係からハラル認定などはとらないことになり、また、キッチンを別に新設することはできませんでしたが、可能な限り患者さんの要望に応えられるような準備が整いました。

ほぼ同時期に、院内に「祈祷室」が完成しました。こちらは、もともとランドリーであったため、水道などの配管がきていたことが幸いし、お祈りの前に足を洗う場所も確保ができました。施設課のスタッフが空港やデパートの祈祷室を見学し、絨毯やキブラコンパス（メッカの方向を指示）も準備。体調が悪くなったら押してもらうナースコールもつけてもらいました。オープン後は外来の患者さんや当院に研修に来ているムスリムの人たちが利用をしており、お祈りができることだけでなく、「自分たちの文化を理解してもらえていることがうれしい」とのコメントが寄せられています。

医療機関のなかに特別なスペースを確保することはとても難しいことではありますが、視察に来られる自治体や医療機関の方の多くが祈祷室を積極的に見学していきます。

【事例1】

脱水で救急搬送されてきた30代のムスリムの女性。

お話を聞くと、ラマダン期間中であったため日中の飲食を控えていることがわかりました。また、乳児がいて授乳中であることもわかりました。各国の宗教に詳しい医療コーディネーターのF看護師が対応をし、旅行中や授乳中など、特別な状況ではラマダン中であっても必要な水分や食事をとれることを説明しました。患者さんにもその知識はあったと思われますが、日本の医療者がムスリムの習慣や教えを理解したうえで医療上の助言をしたことに驚かれ、また感謝をして医師の指示に従って水分を摂取することができました。

【事例2】

イスラム文化圏から来日した男の子が個室に入院することになり、お母さんが一緒に付き添いで入院することになりました。主治医は若い男性の研修医でした。このときもF看護師の助言で、ドアの前に「男性はノックをしてから1分待ってお入りください」と注意書きが掲示されました。これは、個室内でスカーフをはずしているお母さんが、準備をするための時間です。このようにスタッフに助言をし、皆が配慮をできるようにするのも医療コーディネーターの仕事の一つです。

7　地域に伝えていくこと

ここまで紹介してきた事例は、私たちの病院が「国際」的だからとか、優れた人がたくさんいるからといったことではなく、すべて患者さんとのコミュニケーションのなかで日々学ばせていただいていることです。私たちの医療機関は、国際医療の質の向上や連携もミッションとしていますので、ここでの経験を広く関係者に伝えていくことも国際診療部・医療コーディネーターとして取り組んでいかなければならないことです。まず、地域医療連携室に相談に行ったところ、「隔月で地域連携機関約2000か所にニュースレターを送っている」ことがわかりました。このニュースレターに記事をときどき書かせてもらっています。また、3か月に一度「外国人医療講座」を開催しています。初回はムスリムの患者対応について、日本での生活歴の長いバングラデシュ人のご夫妻を招いて学びました。2回目は外国人の妊娠・出産・子育て支援について、地域の保健師や助産師にも声をかけて開催しました。このようななかで、院内からも参加者が増え、また患者さんの支援を通じて知り合いになる人たちと、今後困ったときの相談のネットワークが広がることを期待しています。と同時に、各地で外国人の患者さんを受け入れる基幹病院に指定された医療機関の担当者とノウハウを共有するため、「医療コーディネーター」養成研修を2016年は3回企画しました。

外国人の患者さんが多くても少なくても困ることはほぼ同じです。私たちの失敗や苦労を繰り返さなくてすむよう、なるべく現場のスタッフが負担を感じずに診療が行えるよう願っています。

8 1点20円の重み

国際診療部と医療コーディネーターの活動を通じて、「国際」とあちこちに名前のついた医療機関の取り組みを紹介させていただきましたが、最後に医療費についての議論を皆さんと共有したいと思います。

私たちの病院では2015年10月から、日本の健康保険に加入していない外国人の患者さん（と、長期に海外にいて同様の状況にある日本人）については基準となる医療費の算定1点10円について2倍の20円とすることになりました。

自由診療として30円にするか40円にするかは医療機関が決めてよいことになっています。もともと毎月の保険料を支払い、また納税者として医療のインフラを支えている人たちと、短期滞在の人では条件が異なるので、割増の料金を支払っていただこうというものです。実際、外国人の患者さんには通訳を介するだけでも倍近い時間がかかります。また、支払いの際に先に概算を出したり保険会社とのやりとりをする手間がかかります。この人件費や時間をこれでカバーできればと考えて決まった金額です。当院では医療通訳の費用を病院が全額支払うことになっていますが、検討する会議でも1点20円いただくのだからそれでカバーするようにしてはどうか、という意見に皆が賛同をしました。現場の善意や努力だけでは限界がきます。安全・安心の医療の提供のためには、人員確保や体制整備が必要です。

旅行保険や医療保険に加入している外国人の患者さんの場合、保険会社に連絡をした際に、もともと低額に設定されている日本の医療費を倍で計算しても「なぜそんなに高いのか」というクレームを一度も受けたことがありません（安いけど大丈夫か？　計算を間違えていないかという問い合わせはありました）。

支払っていただく仕組みがあるのだから、しっかり払っていただき、「外国人が来ても未収になるわけではない。経費分を含めて支払ってもらえるのだ」とスタッフに知ってもらうことも重要だと考えています。なぜなら、今までは「せっかくがんばって緊急手術や対応をしても、未収になってしまうのでは」と不安を抱いている医療者は少なくなかったからです。

おわりに

「外国人患者さんの支援をしている」と言うと、まだまだ多くの人が可哀想な患者さんを想像して「それは大変ね」という反応をされます。そのような患者さんがいなくなったわけではありませんが、現在、日本の医療機関を受診する患者さんの多くは支払う力のある方です。言葉が通じないから困るなぁという医療者には「遠隔通訳という選択もありますよ」、未収金が心配だなぁという事務スタッフには「最初に支払う方法や金額の上限を聞きましょうよ」と励ましています。まだまだ大変なこともあると思いますが、それは私たち日本人の医療者や地域にとって成長や学びのチャンスだと考えています。

帰国した患者さんからのメールや手紙が届くたびに、コーディネーターが元気になっていきます。支え合い、伝え合える仲間が増えていくことを今後も期待しています。

終　章
世界の混迷と危機を多文化共創のチャンスへ

川村　千鶴子　*Chizuko Kawamura*

大東文化大学環境創造学部教授、博士（学術）

新宿区百人町に生まれ育つ。慶應義塾大学卒業。多文化社会研究会理事長。日本島嶼学会理事、日本オーラル・ヒストリー学会理事、移民政策学会理事、国立民族学博物館共同研究員などを歴任。新宿区多文化共生まちづくり会議部会長、NPO法人難民支援協会、NPO法人日本ミクロネシア振興協会顧問。著書に『多文化都市・新宿の創造――ライフサイクルと生の保障』、共編著に『多文化「共創」社会入門――移民・難民とともに暮らし、互いに学ぶ社会へ』（ともに慶應義塾大学出版会）など多数。

写真：東京都内の夜間中学にて。

はじめに

人のいのちに向き合い、汗をかきながら頑張っている15名の実践者の方々の「共創」の経験を読んでいただき、ありがとうございます。いのちに国境はないという実感は、不確実な時代を生きる人々を勇気づけます。いのちの大切さを感じるとき、人は「国籍」から解放され、あらゆる人生がかけがえのないものであることを確信するからです。

高校・大学や自治体や企業の協働、外国人住民との協働と官民連携は、混迷する世界の危機を多文化共創のチャンスと捉え、新たな可能性を引き出すことがわかってきました。

終章では、私自身の10代の多文化接触の経験と「いのち」の大切さを伝える「多文化共創博物館」を紹介します。

1　路地裏は多文化の宝庫

私は、戦後の新宿に生まれ育ちました。都会の路地裏は多文化接触の空間で、危機に直面するたびに多文化共創の可能性を生み出してきました。路地裏を歩いていると、日本と世界の架け橋となったクーデンホーフ・カレルギー光子、孫文、宋慶麗、ラス・ビハリ・ボース、小泉八雲、夏目漱石、津田梅子らがひょっこり現れそうな楽しさがあります。さらに多文化社会の地域貢献に生涯をかけて尽力され、他界されたボランティアや難民の方々とも再会できるような気がします。

１９４７年の５月に「教育基本法」「学校教育法」が公布され、「外国人登録令」も制定されました。当時の新宿区の人口は約15万人で、外国人登録令も施行され、区内の在住外国人の登録が始まりました。国内からも海外からも人が移住する、きわめて求心力の強い地域です。

近所には在日一世が創業したロッテガムの工場があり、周辺の家庭では主婦がキャラメルの包装の内職をしていました。子どもの頃、近隣の家に上がり込んで、その様子を眺めていたこともあります。新大久保駅のホームに立つと、ロッテガムの工場からスペアミントの香りが漂ってきました。私はホームに上がって深呼吸するのが大好きでした。新大久保のホームから大久保駅のホームに、手を振って合図を送ることができました。当時は畑もあり、緑が濃く芙蓉の花が咲き誇っていました。

2　10代のみなさんへ

本書の執筆者は世界の国を網羅するほど実に多くの国々を旅して、無数の多文化接触を経験しています。多文化接触は、相互ケアの経験を生み、キャリア形成の経験の蓄積が主体性を生み出します。

10代は人間形成の最も大切な時期であり、文化的多様性に触れることが大切です。私が初めて国境を越えたのは、１９６７年です。私は大学3年生（19歳）、ベトナム戦争の最中で、反戦運動の最も激しい時期でした。サンフランシスコからグレイ・ハウンド・バスに乗って、３泊４日を経てオハイオ州立大学に到着し、女子学生寮の10階の部屋に荷物を降ろしました。ルームメイトはドイツ出身とオハイオ出身の３人で、「生まれて初めて見る日本人よ」と、すぐに打ち解け仲良くなりました。寮生活を快適に過ごすためのフロアー・ミーティングがあり、視覚障がいをもつ学生がいるので彼女を教室に誘導するボランティアになってもらえないかと声をかけられました。まだアメリカに着いたばかりで自分の教室も右も左もわからないのに、たまたま視線があってお役を引き受けたのです。

視覚障がい者の女子学生は、黒人の奨学生で名前はキャロリンでした。ちぢれ髪を後ろに束ねていて、私の髪を触っては、「どうして日本人の髪の毛は、こんなに滑らかで綺麗なの！」と褒めてくれました。毎朝、私は広大なキャンパスを歩いてキャロリンを教室に送ってから、自分のクラスへ行きました。帰りは、別のボランティアが彼女を寮まで送りました。この誰にでもできる小さなボランティア活動のお陰で、私は新しい大学環境に溶け込み、周囲との円滑な人間関係を広げ、信頼関係を築くことができました。日ごとに新しい友達ができ、キャフェテリアでワイワイガヤガヤ楽しいランチタイムを過ごしました。週末には、学生や教員が必ず家に招待してくれました。私は生花を披露したり、広大な牧場で乗馬を楽しんだりしました。「黒人のボーイフレンドのことは、家族には言えないのよ」といった悩み事を打ち分けられることもありました。

ある週末、キャロリンがデイトンの自宅に招待してくれました。バスを降りると、迎えに来たキャロリンのお兄さんも視覚障がい者でした。夕方、カフェバーでお兄さんのピアノ演奏を聴きました。別の国に来たような黒人居住地域でホームステイを体験して以来、アメリカの分断された格差社会の内実を――そして、それぞれの文化に優劣がないことも――より深く理解できるようになりました。

学期が終了すると、親切なアメリカ人家庭の招きで、アメリカ全土の主要な都市を転々としながらホームステイの旅を体験しました。当時、日本人の留学生は珍しく、地方新聞のインタビューを受け、着物姿の写真つきで掲載されたこともありました。ホノルルでは、日系人の家庭に1週間ホームステイし、真珠湾攻撃の後、日系人の苦難の歳月を知ったのです。このように子どものころから10代に受けた衝撃の記憶は、いまもなお鮮明に残っています。また、あの頃に受けた親切への感謝の気持ちは今も変わらず、現在でも家族ぐるみで交流している人々もいます。

帰国した翌年（1968年）、公民権運動の指導者マーチン・ルーサー・キング牧師（Martin Luther King, Jr）が志なかばで凶弾に倒れたニュースに、衝撃を受けました。キング牧師はたくさんの名言を残しています。「人生で最も永続的かつ緊急の問いかけは、いまあなたは他人のために何をしているか、である」（Life's most persistent and urgent question is: What are you doing for others?）という名言も印象的です。公民権運動の高まりによって多文化教育が展開されるようになりました。

ケアの実践と継続は、自立への道を拓き幸福の橋渡しを可能にします。汗を流して、いのちと向き合いケアを実践することは自分自身をも勇気づけることになります。

ベトナム戦争の最中、60年代から70年代は、世界中で反戦運動が盛んでした。その後、最も普及した言葉は「Think globally, act locally」（地球規模で考え、地域で実践する）です。

オハイオ州はアメリカ大統領選の最後の要と言われていますが、2016年ドナルド・トランプ氏の得票数が多数派を占めました。「メキシコとの国境に壁を」「自国第一主義」などの発言やその後ナショナリズムが台頭するニュースが連日連夜入っています。しかしながら、多元価値社会を主体的に生きるためには、小さなケアの積み重ねが大切です。ひたすら多文化化によるリスクを回避するのではなく、安心して定住し共に何ができるのかという主体的な姿勢をもてる環境づくりが大切だと思っています。社会の分断を防ぐことが犯罪を防ぐことにつながるからです。

3 いのちの大切さを教えてくれた、あらゆる民族の助産訓練

1969年3月に慶應義塾大学を卒業した私は、英国の国営会社に入社し、ロンドンでイギリス人・中国人・インド人とともに数カ月の研修を受けました。研修は、多民族に対応する助産、看護、救急救命、保健医療・伝染病、避難訓練などケアの実践と文化人類学です。22歳で多民族の助産師の研修・訓練を受けて、あらゆる民族の子どもたちが、同じプロセスでこの世に生を受けることを体得しました。介護・看護の実践、やがて看取り、弔う情景が次世代へと繋がっていることを学んだのです。ライフサイクルに沿ったケアの実践を通して世界人権宣言や国際人権規約の真の意義——いのちに国籍はないこと——を体感し、多様性への寛容性を培うことができました。

その後、多文化・多言語世界をたった一人の日本人スタッフとして勤務しました。パキスタンの首都カラチの砂漠地帯で大勢の難民と遭遇した経験、香港で小舟の中で生涯を送る水上生活者との遭遇、アラスカでのイヌイットの人々との交流は視野を広げ、地球の大地を学ぶ契機になりました。あらゆる人のそれぞれの「いのちの尊厳」「それぞれの生涯」は、その後、ライフサイクルの視座を構築し、論証する源泉となったと思います。

4 強制移動と平和のためのミュージアム

大学の教員となってからは、水半球の小さな島嶼諸国の人の移動、核実験の後遺症、中古車の脱地域化と島の環境負荷を研究しました。

２００３年8月、チューク、ポンペイ、コスラエ、世界最大の環礁クエゼリンと赤道近くのアイランドホッピングが10時間ほど続いて、マーシャル諸島共和国の首都マジュロに再着陸したときの思い出をお話しします。人口約5万人、１２２５の島と８７０のリーフで29の環礁から形成され、島々を取り巻く藍色の海、透き通る空色、エメラルドと白い波の揺れの美しさに魅了されます。「真珠の首飾り」と讃えられた美しい環礁が、なぜ核実験場という究極の環境破壊の標的となったのか。米ソの冷戦には無関係のビキニ環礁の島嶼民が、なぜ強制移動させられ、被爆の犠牲になったのでしょう。

ビキニ・シティ・ホールではビキニ環礁からの移住者とビキニ環礁知事のキングジェッダと握手を交わし、アメリカ人ジャック・ニーデンサル（Jack Niedenthal）と面会しました。平和部隊の一人としてマーシャルに来てからマーシャル人と結婚して、４人の子どもがいます。ビキニの強制移住の窮状を世界に伝え続けている人です。つつましい安住の場を離れ、故郷からひとまとめに他の島に移住させられた島嶼民に寄り添って、取り返しのつかないものにされていく耐え難い理不尽な歴史を丹念に著したのです。

彼の著書は、私に新しい世界観を与えてくれました。

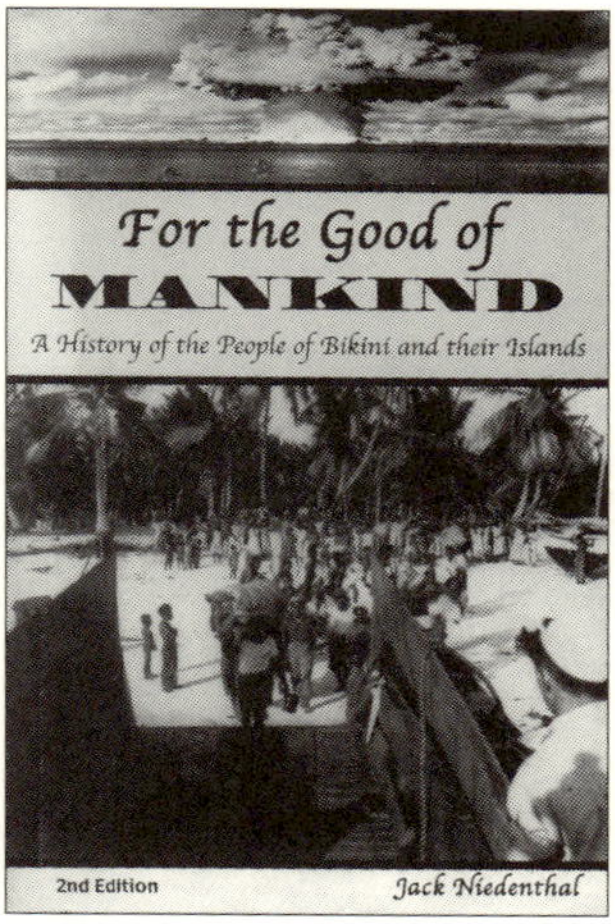

写真：Jack Niedenthal, *For the Good of MANKIND: A History of the People of Bikini and their Islands.*　15メガトンの水爆実験「ブラボー」、ビキニ環礁とロンゲラップ島に移住する人々。

写真：マーシャル諸島。島の中央を貫いているのは滑走路。筆者撮影。

満天の星空の下で、ビキニ環礁の住民218人が、「人類の平和と福祉のために」と移住を導かれました。マーシャルの美しい環境と水爆の恐ろしさ・人間の愚かさの両極を世界に伝えています。環境破壊は、人種差別や人権侵害と表裏の関係にあり、核実験・核廃棄物の問題は環境レイシズムを包含する負の流れでもあります。その後、骨のない赤ちゃんが生まれ、被爆との因果関係を知らない母親は自分の責任だと思い込み、自殺することもあったそうです。

2003年4月、マーシャル諸島共和国は米国との新しい自由連合盟約に調印し、20年間に8億ドルが提供され、クエゼリン環礁の基地を今後60年間借りる代わりに23億ドルが支払われるとされました。滞在中、米国とのコンパクトマネーの締結や新協定に不満の土地所有者の不満のデモにもあいました。環礁の土地所有者は、マーシャルが独立国であり、クエゼリンの使用は、伝統的土地所有制度のもとで土地所有者に支配権があることを主張していました。

あなたは大国と隔絶された脆弱なミニ国家の支配と従属の構図を変えることはできないと思いますか。戦争の危機的惨状と核実験は環境破壊であり、大国とミニ国家の二項対立では捉えられません。地球は小さな人間の大地であり、「いのちに国境はない」ことを教えてくれます。マーシャルには戦争が最大の地球環境破壊であることを次代に伝える「アレレ博物館」があります。

同じく２００３年の夏、私はアメリカ・ミズーリ州のトルーマン・ライブラリー博物館（The Harry S. Truman Library and Museum）を訪問しました。「広島・長崎に原爆を投下して、世界を平和に導いた大統領」として讃えられているトルーマン大統領の記念館です。蝋人形の大統領が広島・長崎に原爆投下を命じている部屋もありました。

見学の後半に学芸員が水爆実験の絶大な効果とビキニ環礁の水爆実験について説明するのを聞き、思わず「それは、本当に功績なのですか」と質問しました。その場に居合わせたアメリカ人観光客が一斉に私に注目しました。私が、マーシャル諸島の人々が被曝の後遺症に苦しんでいることを話すと、「えっ！　マーシャルって誰？　どこ？」という反応が返ってきました。太平洋の水爆実験について無関心だったのです。偶発的な対話ですが、いのちの大切さを共感できたことは幸いでした。私はそのとき、葛藤を恐れずに真摯に対話することが大切だと思いました。歴史を再考し、歴史の練磨から地球の将来を再考することが意義深いと思います。

２０１６年5月、オバマ大統領が広島を訪問し、ヒバクシャ（被爆者）と肩を抱き合い対話しました。同年12月には、アリゾナ記念館で安倍総理が和解の力を強調しました。オバマ大統領が日系人へ気持ちも言及しました。共に信頼関係を創り、平和に根差した新しい「共創価値」が生まれた瞬間と受け止めました。ケアの実践が、自治体、市民団体、企業、教育機関、医療機関を支え、国家のビジョンにつながっているのです。相互ケアの実践はきわめて親密な関係性のなかで行われますが、コミュニケーションを広げ、公共圏を変えていく力をもっているのです。この連鎖に着目し、多様な立場の人々の協働が相乗効果（Multicultural Synergy）を生み出すことを発見しました。

写真：国立国際医療研究センター資料展示室の第五福竜丸の模型（筆者撮影）。

5 老年期を迎えるとき

人生では多くの悲しみに向き合います。とくに、老年期にはいくつもの喪失経験に見舞われるものです。明治生まれの父は、国立国際医療研究センター病院に入院中、95歳で他界しました。父は、病室で子どものころの思い出を毎晩語りました。人は自分の生きた証のなにがしかを次世代に伝えたいのです。私はそうした語りを聴取して「父のオーラル・ヒストリー」という一冊にまとめました。

さらに『異文化間介護と多文化共生』（２００７年、明石書店）という本を編纂し、「介護」という在留資格の新設の必要性を訴えました。10年の歳月が経過した２０１６年11月、ようやく「介護」の在留資格が追加されました。多文化の磁場は、10年以上の先進性をもっていた証左です。介護は、生老病死をともに見つめ、人生の統合に共感することができる尊いケアの実践の一つです。

国立国際医療研究センターには図書館があり、隣に第五福竜丸の模型と森鴎外が使用した机と大正時代のスペイン風邪（１９１８年）の記事などが並んだ資料展示室を公開しています。感染症にも国境はないのです。第五福竜丸は１９５４年3月1日に水爆実験（キャッスル作戦ブラボー）に遭遇し、船体・船員・捕獲した魚類が放射性降下物に被爆しました。この日はビキニディ（Bikini Day）と呼ばれ、マーシャル諸島のビキニ環礁が米軍の核実験場となり、67回に及ぶ水爆実験が繰り返し行われ、

「死の灰」によって多くの被爆者を出したことを象徴的する日となっています。第五福竜丸はアメリカが設定した危険水域の外で操業していました。水爆実験で放射性降下物を浴びた漁船は数百隻、被爆者は2万人を超えるとみられています。資料展示室では、被爆者がこの病院で治療を受けた辛い日々を偲んでいます。このように、博物館は誰もが気楽に立ち寄ってさまざまに共感できる学びの場です。いのちのケアと医療の営みを映し出す医療博物館は、世界平和の発信拠点ともなります。

おわりに――多文化共創博物館

日本は、2005年までにインドシナ難民を1万1319人、2015年末までに条約難民を660人、そして第三国定住難民を24家族105人受け入れてきました。難民とは認定できない場合でも、戦争など本国事情や病気のような個人事情に応じて不利益を被る蓋然性が高い人々に対しては、人道上の配慮が必要と判断し、在留許可や在留特別許可によって実質的な庇護を図っています。その数は、2015年までの累計で2257人です。彼らの多くは日本の納税者であり、地域社会のまちづくりに多大な貢献をしています。すでに亡くなられた難民の方々もいます。葬儀には、宗教と民族を超えて多数の人々が集います。

博物館は、グローバル化に対応した地域貢献史を遺し、街に誇りと風格を与えます。多文化共創のアーカイブス化は、多様性の磁場となり多文化共創まちづくりとつながります。これは、図書館、学校、大学、企業、NGOがネットワークをもち、既存の施設を有効利用し、IT技術を駆使する遠隔地通信による移民博物館の構想です。風化する記憶を呼び覚まし、人間の誕生から教育、就労、居住、老後と弔いという人生に沿った移民の歴史が展示されることは意義深いのです。

博物館はまた、外国にルーツをもつ子どもの国籍の問題やその実態、無国籍の子どもの存在など、隠れた諸相を目に見えるかたちで伝えます。無国籍者の国際機関がない現在、移民博物館がその実態を浮き彫りにし、社会統合政策につなげる役割を担うこともできます。とくに難民認定申請者（庇護申請者）が増加する現在、難民の生活実態と難民支援に尽力する人々の活動を伝えることで、博物館が移民政策研究の重要な拠点となります。筆者の身近なところでは、新宿歴史博物館が、研究蓄積を基礎とし情報発信と対話がある参加型（フォーラム型）博物館となっていく可能性は大きいと思います。

多文化共創社会とは、歴史を学び、文化的多様性を尊重するとともに移民、難民、無国籍者、障がい者、亡命者、ひとり親家庭、ＬＧＢＴＱＩ（性的マイノリティ）など多様な生活者との相互ケアの実践を通して、共に主体的に創る社会です。

地域が学校や行政や企業とも連携して多文化共創まちづくりを実践することは、紛争や差別の原因ともなる搾取や格差社会をいかに是正するかを示唆してくれます。外国人の増加に対し、テロや犯罪の増加を心配する声も聞こえます。しかし、教育・居住・就業・医療などライフサイクルを通じた「共創」こそが、社会的リスクを回避するカギを握っているのです。

多文化共創の実践者から政府・自治体への7つの提言

いのちに向き合い多文化「共創」の実践者が、建設的かつ具体的な提言を以下の7つにまとめました。毎日汗を流している実践者だから気づくことができる提言です。日本は多文化「共創」の時代を迎えています。

提言者代表　川村　千鶴子

はじめに

人口減少社会を迎え、労働力不足の緩和のために外国人を増やそうという主張が目立っています。しかし、現在の日本に必要なのは、外国人を段階的に受け入れ、多文化が共存・共創できる社会をつくるための抜本的な制度改革です。そのためには、省庁がばらばらに政策を進めるのではなく、外国人の人生を包括する外国人政策と共創のための内発的ビジョンの発信が重要です。外国にルーツをもつ人々の統計をとり、日本語教育の推進、基礎教育と医療へのアクセスを保障するための法的整備と予算が必要であることは、いうまでもありません。多文化社会のインフラ整備と包括的な社会統合政策を総括し一元的に進める組織が不可欠です。たとえば、技能実習制度を見直す法律が成立し、「外国人技能実習機構」が新設されることになりました。優良な受け入れ先には実習期間を最長3年から5年に延ばすことになりました。対象職種に「介護」が加えられています。

共に創る社会のために、何をすべきなのか。外国人を単なる「安い労働力」ではなく「人」として捉え、いのちと向き合っている実践者の生の声を聴いてみましょう。

1 社会統合政策へのビジョンとインフラ整備

社会統合政策には、国民的議論に根差したビジョンが不可欠です。日本政府は、２０１６年9月に「難民及び移民に関する国連サミット」において28億ドルの拠出を決めました。しかし、お金を出すだけが国際貢献ではありません。たとえば、日本国内において多文化共創に先駆的に貢献をしている企業・医療機関・外国人団体・学校・大学・市民団体などを表彰し、まちづくりの成功体験を他地域にも活かせるようなネットワーク整備とそのための予算配分が重要です。

とくに居住の差別をなくし、能力に合わせた公平な外国人雇用の推進と経済発展は、建設的なビジョンにつながり、課題解決と法整備のきっかけになります。専門機関を組織し、多文化家族、無国籍者、難民・庇護申請者、その子どもたちに対する社会の理解を促す取り組みが必要です。

無国籍者や多文化家族が、出生から幼児期、学童期、青年期、成人期、老年期を安心して過ごせるように、専門の相談窓口を設置することを提案します。

２　国際医療の充実と通訳システムの本格的取り組み

あらゆるライフステージにおいて、人は医療を必要とします。医療における多言語対応とトランスカルチュラル・ナーシングが必要です。多国籍の患者に多言語で治療に当たっている医師（冨田：第12章）の提言にあるように、通訳費用が公的にカバーされないため、全額を医療機関または患者が負担しなければならないのが現状です。

（１）訪日外国人ツーリスト向けの医療サービスに偏ることなく、外国籍住民の地域医療へのアクセス向上にも取り組む必要があります。

①自治体レベルでの医療通訳制度の整備と医療通訳の確保を国が支援すること

②通訳費用の公費負担を検討すること

③英語や中国語以外の少数言語についても医療通訳の育成を行うこと

④健康な地域社会を保つために、外国籍住民が等しく健康診断を受診できるように日本語以外での情報提供を行うこと

（２）庇護申請者の一部や、在留資格が無いなどの理由から健康保険に加入できず生活に困窮する外国人に対して、人道的見地から治療とケアを実践している医療機関の支援を行う必要があります。誤訳による事故も防がなければなりません。

①受け入れた医療機関に経済的負担をすべて負わせることのないような施策が必要

②一部の都道府県でのみ行われている外国人未払い補填事業の一般化

③無料定額診療事業の積極的な活用

（3）外国人技能実習生や留学生の就労についても、労働者として健康管理を行うことを提案します。

①実態調査を行うこと

②労災保険に関する母国での情報提供を行うこと

（4）本書の調査（柴崎：第11章）から、保護者が子どもを抱えてどこにも相談に行けず、孤立し家のなかで悩んでいる実態が明らかとなっています。とくに日本語が不自由な外国人の家庭では、保護者自身のケアも必要です。問題の背景には専門医師不足もあるので、行政には福祉・精神医療の分野の強化に取り組んでほしいと思います。

（5）また、日本語専門学校で学ぶ留学生の卒業後の選択肢として、医療系や福祉系の公的資格が取得できる大学または専門学校の数を増やしてほしいという希望があります。外国人居住者の増加に伴い、外国語を話せる医療・福祉従事者への需要が高まっているからです。公的資格を取得することで日本での定住も容易になり、帰化する人も増えると考えられます（塩田：第14章）。

3　基礎教育の保障と夜間中学の拡充と増設

基礎教育は生存権です。グローバルな教育の場となっている夜間中学における基礎教育の保障を見直し、拡充と増設を要望します（関本：第6章）。国会の動きと連動し、文部科学省も「少なくとも各都道府県に1校は設置できるよう、さまざまな支援を行い、設置を促進する」と述べ、夜間中学設置

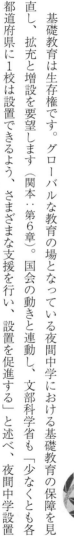

調査研究の委託事業（北海道、福島県、静岡県、和歌山県、徳島県、福岡県、熊本県の7道県に委託）が行われました。また文部科学省「中学校夜間学級等の実態調査の結果について」（２０１５年４月30日）が発表されました。「多くの夜間中学未設置道県で開設要望あり。自主夜間中学等の取組も多くあり、そこでは不登校による形式卒業者も学ぶ」としています。さらに形式卒業者の夜間中学校受け入れが大切です。

文部科学省は２０１５年７月30日に「義務教育修了者が中学校夜間学級への再入学を希望した場合の対応に関する考え方について（通知）」を全国の教育委員会に出しました。２０１６年８月、国立国語研究所で基礎教育保障学会が設立されました。

２０１６年12月、前述のように「義務教育機会確保法」が国会で成立しました。「何歳でも、どの自治体に住んでいても、どの国籍でも」基礎教育が保障される制度の充実を強く提案します。

4　外国にルーツをもつ子どもたちの日本語教育とサポート体制

（1）保護者への強力なサポート体制の構築

子どもの成長に最も影響を与える家庭と保護者への強力なサポート制度づくりとして、多文化家族支援を制度化することが必要です（関口：第5章）。

（2）外国にルーツをもつ子どもたちへの日本語教育の専門家（ＪＳＬ教師）資格制度、専門家育成・研修制度の確立

外国にルーツをもつ子どもたちへの日本語教育を効果的に有効に行える専門家が早急に必要です。

子どもたちが授業についていける日本語の底力をつける指導も大切です。

具体的対策として、子どもへの日本語指導の専門家としてのＪＳＬ教師資格試験の策定、ＪＳＬ教師の育成および研修の実施を提言します。専門家であるＪＳＬ教師が学校内では教員との連携で、地域では日本語ボランティアとの連携で望ましい支援を実施します。子どもたちが本来の輝きを見せ、はつらつと生きることができるように次の提案をします（関口：第5章）。

① ＪＳＬ教師資格試験の策定と実施
② ＪＳＬ教師資格は非教員でも取得可とする
③ 育成と定期的研修の実施
④ ＪＳＬ教育対象の子どもが在籍していることを前提とした、学習指導要領の抜本的見直し
⑤ ＪＳＬ教育を教職課程での必修科目化する

外国にルーツをもつ子どもたちの未来にも、私たちは責任をもたなければなりません。彼らもまた21世紀の担い手であり、彼らへの日本語教育は今後の日本の将来に大きな影響を与えます。ＪＳＬ教師の資格制度の策定、ＪＳＬ教師の育成・支援システムの構築など、教育に十分な予算を切望します。２０１６年11月８日、「日本語教育推進議員連盟」（超党派の衆議院議員連盟）が設立されました。長きにわたり提言し続けた祈りが実ることを信じて、活動を続けていく所存です。

5 長期的展望をもつ社会統合政策の土壌

（1）２０２０年の国勢調査で、外国にルーツをもつ子どもの統計調査を実施

国勢調査の内容を改善し、無国籍者の窓口を設置する必要があります。難民二世には、国籍を付与するシステムを早急に検討し、無国籍を防止しましょう。庇護申請中の子どもたちは住民票の登録がない場合もあり、地域からも可視化されにくく、人権問題は見過ごされています。海外で育った日本人や国際結婚で生まれた子どもも増加しています。「日本人性」の変容や家庭内の多文化化、日本国籍取得者の多様性を浮き彫りにし、肯定的な将来につなげたいものです。

（２）学校教育における人権教育の実践を見越した具体的な方針の設定

現行の人権教育は、非常に抽象的で、現場の実施が十分であるとは言えません。多文化共創社会を目指し、難民や庇護申請者、無国籍者、多文化家族など日本に住む人々が多様化している現状を子どもたちに伝え、彼らも含め一人ひとりが尊重されながら暮らせる社会について考える必要があります。具体的には、道徳や社会科だけでなく、家庭科や英語科をはじめ、教科横断型での取り組みが重要です。学校行事でも触れるなど、学校全体での総合的な取り組みが不可欠です（土田：第8章）。

（３）多文化共創のための教員研修の充実

日本社会の構成員と多様性の変化に合わせ、教員自身も認識を変えることが求められています。教科にかかわらず、教員自身が日本社会の構成員の現状を熟知し、多様化する生徒の存在を理解しなければなりません。教授法や入試情報などの研修は多いのですが、多文化教育や人権教育に関する研修の機会は限られています。どの教科の教員も日常的に人権教育を施せるような体制づくりが必要です。多様な背景をもつ生徒への理解と公平な評価の機会となり、対話と相談ができる学校や安心できる居場所を共創していく必要があります。

6 「地方創生」のための多文化共創型アクティブ・ラーニングの推進

農業・水産業・介護分野における外国人労働者の導入には、彼らが地域社会のコミュニティの一員であるという温かい認識が双方に大切です。

「地方創生」は、「多文化共創」がカギを握ります。地域住民が外国人をコミュニティの一員として協働し、農業や水産業、介護・看護を推進できるように、高校・大学・社会人教育、企業研修の場における多文化共創アクティブ・ラーニングの推進を提案します。本書で紹介した国際教養大学の教室外体験実習（椙本：第7章）では、秋田の農家の人々とチームで取り組むフィールドワークによって、課題発見・解決能力や情報・統計分析力を伸ばしています。これは、留学生や企業、地域、他大学が連携するもので、人文科学、社会科学、理工、医・薬・看護・スポーツ各分野にまたがる学際的な実践授業です。ＩＴ活用と情報共有のスタディ・スキルを磨き、交流を基礎とする記録、モデル化、図表作成、カード活用など、主体性とコミュニケーション力を磨きます。地域に根差したプレゼンテーションの機会をもち、課題の明確性と分析力によって専門性を身に着け、将来のキャリア形成と自己実現を考えることができます。地方からグローバルな若者が育つ環境を共創する好機となるでしょう。

２０１６年11月、出入国管理・難民認定法の改正によって、在留資格に「介護」が追加されましたが、地域が外国出身の介護士と協働できる信頼の土壌をつくり、受け入れの経路を多様化していく必要があります。

7 多文化共創博物館の創設

世界各地のグローバル都市には、必ず地域が誇る人の移動の歴史を学ぶ移民博物館があり、観光スポットとなっています。ドイツには「難民博物館」があり、アメリカ・ワシントンでは２０１６年に「黒人博物館」が創設されました。人の移住と共創をテーマにする多文化共創博物館は、世代間サイクルの集積が地域コミュニティの土台となっていることを目に見えるかたちで伝えることができます。多様性の現状と未来を展望し、街に多文化都市の風格を与えます。東京オリンピック・パラリンピックを控え、多文化化の歴史を俯瞰でき、誰もが気楽に足を運べる多文化共創博物館を提言します。具体的には、既存の歴史博物館に多文化共創の歴史展示室を増設し、実践者と外国籍住民の社会貢献を可視化し、多文化共創まちづくりをアーカイブス化することができます。やがて世界とネットワークを広げ、共創価値を共有することになります。フォーラム型多文化共創博物館は、急増する外国人住民、観光客と地域住民の交流の場となるだけでなく、日本の包括的社会統合政策の基本的視座を確認する貴重な学びの場です。行政にとって中・長期の展望と専門性を深化する場として機能します。

以上、実践者による具体的な提言を７つにまとめました。ソーシャル・メディアの重要性はいうまでもありません。「出入国管理および難民認定法」だけでなく、「社会統合政策」の法的整備も進めようではありませんか。

多文化「共創」社会（Multicultural Synergetic Society）とは、官民一体となって、外国籍住民、障がい者、一人親家庭、ＬＧＢＴＱＩ（性的マイノリティ）など多様な人々を包摂し、ともに協働し発展する社会です。

本書は、違いを認め合い協働で共創する社会こそが社会的リスクを回避し、格差を緩和し、幸福度の高い社会を創出する相乗作用（Synergy）を発揮できることを実証しています。日本はケアの実践と継続を基本に信頼関係を築いてきました。あらゆる「いのち」を大切にする世界一の長寿国であることに誇りをもっています。

「いのちに国境はない」という実感は、日本が内発的に多文化共創社会を実現できることを示唆しているのではないでしょうか。いま、日本と世界に必要なのは、多文化化の困難やリスクを熟知し、「共創」の果実を国際社会に届けられる「いのちのケア」の「実践者」たちなのです。

川村　千鶴子（かわむら　ちずこ）
大東文化大学環境創造学部教授、博士（学術）
慶應義塾大学商学部卒業、多文化教育研究所所長、大東文化大学環境創造学部助教授を経て、2009年より現職（2013～15年、同学部長）。移民政策学会理事、日本オーラル・ヒストリー学会理事など歴任。
主要業績に、『多文化「共創」社会入門――移民・難民とともに暮らし、互いに学ぶ社会へ』（共編著、慶應義塾大学出版会、2016年）、『パスポート学』（共著、北海道大学出版会、2016年）、『多文化都市・新宿の創造――ライフサイクルと生の保障』（慶應義塾大学出版会、2015年）、『多文化社会の教育課題――学びの多様性と学習権の保障』（編著、明石書店、2014年）、『オセアニア学』（共著、京都大学学術出版会、2009年）など多数。

いのちに国境はない
――多文化「共創」の実践者たち

2017年2月28日　初版第1刷発行

編著者――――川村千鶴子
発行者――――古屋正博
発行所――――慶應義塾大学出版会株式会社
〒108-8346　東京都港区三田2-19-30
TEL〔編集部〕03-3451-0931
〔営業部〕03-3451-3584〈ご注文〉
〃　03-3451-6926
FAX〔営業部〕03-3451-3122
振替　00190-8-155497
http://www.keio-up.co.jp/
装　丁――――後藤トシノブ
印刷・製本――中央精版印刷株式会社
カバー印刷――株式会社太平印刷社

Printed in Japan　ISBN978-4-7664-2393-8